막히면
집회시위로
쉽게
돌파하라!!

막히면
집회시위로
쉽게
돌파하라!!

초판 1쇄 발행 2024년 9월 15일

저자	김한성
발행인	권선복
편집	권보송
디자인	김소영
전자책	서보미
발행처	도서출판 행복에너지
출판등록	제315-2011-000035호
주소	(157-010) 서울특별시 강서구 화곡로 232
전화	0505-613-6133
팩스	0303-0799-1560
홈페이지	www.happybook.or.kr
이메일	ksb6133@naver.com

값 30,000원
ISBN 979-11-93607-52-7(93350)

도서출판 행복에너지는 독자 여러분의 아이디어와 원고 투고를 기다립니다. 책으로 만들기를 원하는 콘텐츠가 있으신 분은 이메일이나 홈페이지를 통해 간단한 기획서와 기획의도, 연락처 등을 보내주십시오. 행복에너지의 문은 언제나 활짝 열려 있습니다.

“600차 집회대행! 시위 전문가의 2호 지침서!!”

막히면 집회시위로 쉽게 돌파하라!!

김한성 저

도서
출판 행복에너지

집회시위관련 첫 저서를 낸지 4년이 지났다. 당시 민간인 전문가가 쓴 첫 번째 책으로 엄청난 반향을 일으켰다. 지금도 쿠팡, 교보문고 등에서 검색하면 상단에 나타난다. 수년간에 걸쳐서 힘들게 글을 썼지만 새로운 지평을 열었다는 자부심이 컸다. 이후 많이 알려져서 모르는 분들에게도 자주 시위관련 전화를 받고 전국 어디든 달려간다. 지금까지 600여회의 집회를 직접 주관하였다. 두 번째 책은 1호 저서를 발간한 후에 추가된 내용을 보완하고, 새롭게 느낀 소회를 적었다.

아직도 많은 분에게 집회는 갈등해소의 첫째가 아니며 최후 수단이다. 그러나 필자는 무슨 일로 대화가 안 된다면 "집회로 해결할 수 있을까?"부터 생각한다. 예를 들면 내가 인력 사업해서 노임을 못 받을 때 1인 시위하였고, 현재 옆 사무실의 소음차단 칸막이 공사를 건물주 대상으로 집회 신고하여 해결했다. 이처럼 갈등 극복이 쉽다. 타인들이 못 가지는 무기를 1개 더 가지고 있다고 믿으면 큰 힘이 된다. 대다수 일반인은 큰 문제가 생기면 우선 소송이나 고소, 고발을 한다.

그러면 서로 감정의 골이 깊어지고, 인간관계는 파탄이 난다.

결국 법무사, 변호사만 먹여 살리고 경찰관, 검사, 판사들에게 자기운명을 맡긴다. 지금까지는 어쩔 수 없어서 민·형사적으로 접근했지만 새로운 해결방안으로 집회하는 방안도 고려하길 기대한다. 현재 매년 10만여 건 이상씩 집회신고를 하지만, 효과적으로 진행하는 분들은 10% 이내로 추정한다. 대다수는 처음 시위하며, 어떻게 하면 유종의 미를 거둘지 알지 못한다. 그런 분들에게 저자는 큰 도움이 될 것이다.

아는 것이 힘이고 승률이 높다. 특히 노임체불, 사기계약, 대기업, 관공서 상대할 때는 집회시위를 활용하면 단기간에 합의할 가능성 크다. 저자는 현장에서 부딪히며 경험한 노하우를 여기 풀어 놓는다. 본인이 직접 시위하거나 실무를 익히는 분에게 지침서가 될 것이다!!

2024. 9. 1.

浩裕堂 김한성

- 목   차 -

5장 배포 유인물 27건 실제사례

1. 왜 유인물을 배포해야 할까요?

6장 고소당한 집회사건 분석 244
1. 집회로 인한 명예훼손 등 고소사례

1장 알기쉬운 집시 입문

1. 나의 집회/인력사업 성공적인가?

 사업 동기는 무척 중요하다. 필자는 우연한 계기로 집회사업 하였지만 지금은 필연이 되었다. 사업을 지속하려면 사회성, 수익성, 개인 적성이 맞아야 된다. KB경영연구소 개인사업자 분석 자료는 10년 생존율 25%, 외식산업연구원의 통계에 따르면 10년간 생존율은 10% 수준이었다. 즉 창업 후 10년이 지나면 10개 중에 1~ 2개만 남는다. **필자는 집회사업을 2014년도, 인력사업은 2009년 시작했으니 각각 10년 및 15년이 되었다. 충분히 생존력 입증하였다. 필자는 인력과 집회사업이 사회 기여도가 높으며, 수익성이 좋고, 적성이 맞아 천직이라고 생각한다.**

무엇보다 이 2개 사업은 정년이 없으므로 80세까지도 가능하다. 직업에 큰 보람을 느끼며 안정적인 수익이 지속된다면 더 나은 사업이 있을까? 하지만 어쩌면 험한 일이다. 건설일용근로자를 상대해야 하고, 각종 문제가 많으니 시위를 한다. 인력사업은 진입장벽이 높고, 집회사업은 경쟁자가 거의 없다. 인력사업은 인가조건이 까다로우며, 노임대불(대신 지불)했다가 못 받으면 문을 닫는다. 집회사업은 상대측에게 고발 등을 당하면 통상 포기한다. (필자는 4회 고발당함➜ 무혐의 처분!!)

집회사업의 동기는 인력업계 2012년도 격변 때문이었다. 당시 인력협회 서울지회장이 건설근로자공제회 측 반값 수수료를 받았다. 그것을 막아야할 분이 오히려 수수료 절반 인하에 앞장섰으니, 그 반대시위를 하였고 필자가 처음으로 집회 신고한 계기가 되었다. 당시 노동부 과천청사에서 성공적으로 시위를 주도했고, 차후 인력협회를 추가로 만들기까지 했다. 이후 협회 내 수천만원 이상 노임 체불이 발생한 사업장 마다 달려가서 내가 노임을 못 받은 업체처럼 최선을 다해서 모두 받았다.

지금도 그때의 순수한 열정을 생각하면 가슴이 설레인다. **옳은 일인데 상대가 갑질을 할수록 필자는 더 강력해진 묘한(?) 유전인자를 어머니께 물려받았다.** 가끔은 싫지만 운명이라 받아들인다. **집회는 나를 투사로 바꾸었고, 상대적 약자들에게 희망을 준 고마운 사업이다!!**

2. 국내 집회시위 실태분석

 필자는 1호 책에서 2014년~ 2018년까지 집회시위 실태를 분석하였다. **이후 2019년부터 2023년까지 경찰청에 동일 사안을 정보공개청구하여 2024. 6. 2.일 받았다.** 그 내용은 전국 집회시위 신고 건수, 신고 횟수, 개최 횟수, 미개최 횟수를 취합한 자료였다. 우선 **2023년** 신고 건수는 124,938건에 대해서 2,907,251회를 집회하겠다고 했으나 실제 개최된 횟수는 79,417회였다. 즉 **신고 기준으로 평균 63.5% 집회개최를 했다고 할 수 있으나, 1건 집회 신고한 후에 수차례 개최할 수도 있으므로 실제로 집회시위 평균 개최율은 40~ 45%로 추정한다.**

즉 각종 사유로 집회시위를 하겠다고 경찰서 찾아가서 신고서를 접수한 후에도 절반 이상이 포기한 것으로 추정한다. 이는 여러 요인 때문이다. 예를 들면 집회 신고 후에 대화로 해결, 시위를 차일피일 미루다가 미 개최, 집회용품 준비미흡, 타인의식 용기부족 등이다. 그러나 **필자가 보기에는 집회용품 준비미흡이 가장 크다고 생각한다.** 즉 시위를 결행하려다 보니 메가폰/현수막/인원동원 등 곤란으로 포기하는 경우가 제일 많다고 본다. **절반 이상은 생애 처음으로 집회신고를 했지만, 막상 시작하려면 모든 것을 본인이 직접 준비해야만 하므로 절망하게 된다.**

좀 세부적으로 분석한다. 전국 신고 건수는 2019년 129,637건 2020년 138,636건 2021년 150729 건이다. 그리고 2022년은 171,911건 2023년 124,938 건이다. 특이한 점은 2019년 ~ 2022년까지 계속 증가하다가 2023년은 갑자기 46,973건이 줄었다. 그러나 실제 개최 횟수는 2019년 95,266회 2020년 77,457회 2021년 86552회 2022년 76,175회 2023년 79,417회로 대동소이하다. 이는 **집회 신고 건수와 무관하게 전국적으로 매년 비슷하게 시위가 개최된다고 볼 수 있다.**

1호 책에서 필자는 신고 횟수를 개최 횟수로 나누어 분석해서 4~ 5% 시행율이라 주장했지만, 약간 오류가 있었다. 신고 건수를 개최 횟수로 나누는 것이 합리적이다. **필자는 집회신고 후에 50% 이상으로 추정되는 시위를 못해보고 포기하려는 분들에게 큰 힘이 될 것이다!!**

정보공개청구에 대한 경찰청 답변서: 2024년 6월 2일

정보공개청구 답변

□ **청구 내용**

　o '19년부터 '23년까지 집회시위 신고 건수, 신고 횟수, 개최 횟수, 미개최 횟수

□ **공개 내용**

구 분	신고 건수	신고 횟수	개최 횟수 (미신고 집회 포함)	미개최 횟수
'23년	124,938	2,907,251	79,417	2,827,856
'22년	171,911	4,304,917	76,175	4,228,886
'21년	150,729	3,579,541	86,552	3,493,193
'20년	138,636	3,003,081	77,453	2,925,655
'19년	129,637	2,741,215	95,266	2,645,960

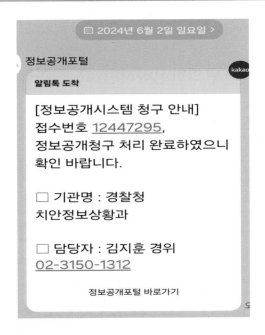

📅 2024년 6월 2일 일요일 >

정보공개포털

알림톡 도착

[정보공개시스템 청구 안내]
접수번호 12447295,
정보공개청구 처리 완료하였으니
확인 바랍니다.

□ 기관명 : 경찰청
치안정보상황과

□ 담당자 : 김지훈 경위
02-3150-1312

정보공개포털 바로가기

3. 집회시위의 강점과 중요성

집회시위의 최대 강점은 신속성이다. **기존방식은 계단으로 한발씩 올라가지만, 집회는 승강기 타고 단번에 올라갈 수도 있다. 다만 일반적으로 그 효능을 잘 모르니 검토 대상에서 제외할 뿐이다.** 필자는 그 점을 무척 안타깝게 생각한다. 물론 기존의 고소, 고발, 소송전이 만능은 아니듯이 시위도 잘 검토해서 적용해야만 한다. 지난번 1호 책의 100개 집회사례 분석을 통해서 그 효용성은 충분히 입증하였다.

국내 시위관련 성공률 80% 이상의 분석은 필자가 거의 처음이라고 본다. 실제로 수백 건의 집회를 경험하지 않고 그런 내용을 발표할 수가 없다. 그런데 대개 무경험자, 1~ 2회로 그치는 시위로 과감하게 성공률을 발표할 수가 없다. 필자는 지금까지 600여회 집회를 직접 주도했다. 그래서 집회사유와 진행과정, 결과를 누구보다 정확히 알 수 있다. 심지어 담당 경찰관도 시위 성공유무에 관심이 없다. 단순히 현장에서 불상사 없으면 그만이다. 따라서 필자의 분석은 신뢰성이 높다고 자부한다.

우선 집회에 대한 인식부터 바꿔야 한다. **누구나, 언제나 집회를 할 수 있다. 필자 연관된 노임체불, 각종 사건에서 집회신고만 해도 50% 이상 시위하지 않고 해결되었다. 건설인력 노임을 안주면 1인 시위로 100% 받아 냈고, 심지어 건물주에게도 집회신고하면 즉시 해결되었다.** 그러나 사람들은 헛된 약속을 믿고 기다리다 소중한 기회를 놓친다. 필자에게 상담 전화하는 대다수는 반의반신하지만 그 성과에 놀라는 경우가 많다. 매사 새로운 일을 도전하려면 용기가 필요하다. 본인 스스로 결단할 수 없기 때문에 필자 같은 전문가 꼭 필요한 이유이다.

대개 상대측이 타인의 이목과 비판을 두려워할 때 시위는 즉각 효과를 본다. 이미지 타격이 크기 때문이다. 특히 지불능력이 충분하지만 민. 형사적으로는 장기간 소요되어 겁을 안 낼 때에 집회는 큰 효과를 본다. 판검사, 변호사만 좋아할 일에 매달리지 말고, 대안으로 헌법 제21조에 보장된 "표현의 자유" 권리를 누리시길 빈다.. 실속과 성과가 중요하다. 그리하려면 신속함과 과감성, 용기가 문제해결의 열쇠이다!!

4. 집회개최가 낮은 원인과 대책

집회개최가 낮은 큰 이유는 부정적 인식 때문이다. 회사 노조원 외에는 평생 시위 한번 참가하지 않은 분들이 많다. 인터넷 접수 아닌 경찰서를 직접 방문해야만 하는 것도 영향이 크다. 어릴 때부터 형성된 경찰서의 부정적 이미지도 발길을 꺼리게 한다. 모든게 인터넷으로 가능한데 왜 집회신고만 안 되는지 이해 불가하다. 이런 요인들을 극복하고 경찰서에 집회신고서를 접수했어도 실제 개최가 낮은 이유는?

(1) 시위 효과에 대한 불신: 처음 집회하면 "과연 잘될까?" 걱정을 한다. 어쩌다 집회신고까지는 했지만, 막상 시작하려면 부정적인 생각만 난다. 그러니 차일피일 미루다가 결국 포기하게 된다. 집회에 대해 아는 분도 없으니 물어볼 곳도 없다. 그러다가 손쉬운 민. 형사적 해결이나 손해를 감수하려 한다. 필자도 처음 집회신고서 접수한 후에 막막하던 심정을 잘 알고 있다. 이런 고비가 수차례 찾아온다.

(2) 인간관계 단절을 걱정: 상대방은 대개 잘 아는 사이다. 그래서 일단 집회하면 인간관계가 파탄이 난다고 생각한다. 그 원인 제공자는 상대방이고 본인은 피해자인데도 걱정이다. 신뢰가 깨지면 관계는 단절 된 것이다. 따라서 빈껍데기에 집착하지 말고 실리를 챙겨야한다.

(3) 지인과 통행인의 두려움: 처음에는 온갖 부정적 생각들이 떠오른다. 아는 사람을 만나지 않을까? 다니는 사람들이 어떻게 볼까? 창피하지 않을까? 실패할 것 같다 등이다. **부정적 두려움에 사로잡히면 소극적인 행동으로 이어져서 집회포기로 나타날 가능성이 높다.**

(4) 집회용품 제작의 어려움: 시위하려면 준비물이 많다. 현수막, 피켓, 어깨띠, 머리띠, 깃발, 보드판, 만장, 엠프 및 확성기 등이다. 정당성을 주장하는 유인물도 만들면 좋다. **현수막, 피켓 문구 등은 뭐라고 하고 어떻게 만들까?** 대형 엠프는 임대하고 소형 확성기는 구입할까? 진행자는 누가하고 구호는 어떻게 할까 등 골치 아프다. 그래서 자꾸 차일피일 미루면 포기할 가능성이 높아진다.

(5) 민형사 법적조치의 우려: 상대방은 황당하고 기분이 나쁠 수 있다. 진행을 못하도록 "집회로 인한 손해배상 및 업무방해를 고소하겠다."고 경고를 한다. 그러면 잘 모르니까 "해결은 안 되고 경찰조사 받고 피해 보상해주면 어쩌지?"하고 걱정한다. 그 말에 대해 지인과 변호사 등에게 물어보면 반응이 별로 안 좋을 때가 있다. 그러나 실상은 집회신고하고 지정된 구역에서 허위사실, 욕설 등 안하면 괜찮다.

(6) 경찰에 대한 부정적 인식: 나이 드신 분들은 경찰에 대한 안 좋은 이미지가 강하다. 일제시대, 독재시대 거치면서 여러 부정적 요인들이 많았다. 그러나 지금은 아니다. **경찰서에 집회신고 접수하러 방문하면 의외로 친절하다.** 특히 해당지역 정보관이 배정되어 반드시 현장에 오고 상대측과 원만히 합의 보도록 주선해 주기도 한다. 괜한 선입견을 가질 필요가 없다. 요즘 구청, 동주민센터 공무원이 변한 것과 같다. 혹시나 무엇을 물어보면 자상하게 설명해주니 걱정을 안 해도 된다.

(7) 집회전문 대행업체의 부재: 비전문가와 아마추어는 뭔가 불안하다. 그래서 변호사, 세무사, 공인중개사 등 전문가에게 대행을 맡긴다. 집회 시위 진행도 공신력 있는 업체에게 맡기고 옆에서 지켜보기만 해도 된다. 예전에는 네이버, 다음 등 검색할 때 "집회대행"을 치면 야유회, 교회, 결혼행사 업체들이 나왔다. 하지만 **지금은 우리 회사가 제일 첫머리에 뜬다.** 회사관련 "오케이두리인력공사" 또는 "집회컨설팅" 등 검색한다면 우리 회사가 업계 1위를 고수하며 홈피로 바로 연결된다.

5. 집시법은 민주사회 성숙의 척도

우리는 북한에서 집회시위 소식을 못 듣는다. 즉 독재 국가에서 집회는 감히 상상할 수도 없다. **집회시위의 보장여부는 민주사회의 기본이다.** 소송이나 고소가 법적인 행위이듯이 집회도 마찬가지이다. 민주사회가 될수록 다양한 이해관계가 충돌한다. 부자가 아니라면 변호사 선임도 힘들다. 소송이나 고발도 비용과 시간이 많이 걸린다. 이럴 때 집회시위는 가장 효과적 수단이다. 경제적 사회적인 약자들에게 직접적 의견표출은 강력한 압박수단이 된다. 단시간 고효율이 가능하다.

그래서 민주국가 일수록 집회시위 자유를 보장한다. 이른바 "집회와 시위에 관한 법률(약칭: 집시법)"이다. 이 법의 목적은 "적법한 집회 및 시위를 최대한 보장하고 위법한 시위로부터 국민을 보호함으로써 집회 및 시위의 권리보장과 공공의 안녕질서가 적절히 조화를 이루도록 하는 것"이다. 한마디로 **적법한 집회시위는 최대한 권리 보장한다는 내용이다.** 이러한 **집시법은 헌법 제21조에 보장된 표현의 4대 자유이다. 언론. 출판. 집회. 결사의 자유이다. 즉 집회는 꼭 있어야 될 소중한 권리이다.** 의무는 강제적이고 권리는 주장해야만 얻는다.

이처럼 집회시위는 행동할 때 효과가 있다. 유명한 **법언에 "법은 권리 위에 잠자는 자를 보호하지 않는다."**고 한다. **사실 힘없는 약자는 마땅한 수단이 없다. 그래서 속앓이만하다 포기한다. 그러나 집회는 약자의 당연한 권리라고 생각하면 달라진다.** 예를 들면 체불 노임이나 공사비 미지급, 고의로 돈을 안 줄 때는 민. 형사로 하면 시간과 노력이 많이 든다. 그러나 내용을 잘 따져보고 사업장에서 집회하면서 경찰 정보관에게 중재를 부탁하면 의외로 **빨리** 끝날 수 있다.

따라서 **집시법은 약자를 위한 법이다.** 물론 강성노조 등이 약자는 아니지만, 사용자 대비 노동자는 약자라고 본다. 만일 그들에게 집회라는 투쟁수단이 없다면 크게 위축 되었으리라! 10여년전 "촛불집회"를 통해서 대통령도 교체할 정도이다!! 물론 **만능은 아니지만 약자에게 집회시위만큼 효과적 투쟁수단은 없다고 감히 단언한다!!**

6. 집회대행은 지극히 합법적이다.

우리 회사는 집회관련 사항을 모두 대행한다. 물론 집회신고는 본인이 하겠지만 나머지 현수막, 어깨띠, 깃발 등 용품 제작과 현장 사회자 등은 대행이 가능하다. **집회신고자는 옆에서 지켜보기만 해도 된다.** 통상 집회시위하려면 현수막 문구는? 사이즈는? 어디에서 제작? 엠프 사용, 유인물 작성배포 등등 의외로 준비물이 많다. 누구에게 물어 볼 곳도 마땅치 않다. 그래서 나름대로 대충한다면 어설프기 짝이 없다. 필자는 그런 입장을 누구보다 잘 안다. **의뢰인 할 일을 대행하니 얼마나 편한가? 이제는 전문가에게 맡기는 시대이다.**

그러면 **고객이 의뢰하면 법적으로 문제는 없는가?** 단순히 도와주는 차원이 아닌 돈을 받으면 대개 문제가 된다. 박근혜 정부 당시 전경련 돈을 받아서 "친정부 관제데모"에 앞장선 단체가 처벌을 받은 사례가 있다. 이해관계 없는 자가 돈을 받고 집회 대행하면 『업무방해죄』 및 『명예훼손죄』 『집시법 위반』 『변호사법 위반』 등으로 고소, 고발될 가능성 있다. 그래서 함부로 집회 대행할 수 없다. 그러나 필자는 위 사항에 대하여 **법적인 문제를 모두 해결하였다.**

먼저 **필자는 유료직업소개사업을 같이 한다. 사람을 소개하고 직업소개료를 받는 것이 합법적이다.** 당연히 동원된 인력에 대해서 소개료를 받을 수 있다. 또한 **세무서 사업자증록증 종목에 집회 및 시위에 관한 컨설팅 항목과 용역제공업**이 있으므로, **집회 사회자 등 총괄하고 컨설팅료를 받을 수 있다.** 특히 받은 돈은 모두 부가세 별도 세금계산서를 발급한다. 합당하게 부가세와 종합소득세를 내므로 법적인 아무런 문제가 없다. 따라서 유료직업소개사업을 하지 않거나 세금계산서 등을 투명하게 발급하지 않으면 문제될 소지가 매우 크다.

업무방해죄는 집회신고로 예방되며, 명예훼손은 근거 없는 주장이나 욕설 등 조심하면 된다. 이런 준비 없는 집회진행은 형사 처벌될 수 있으므로 신중해야 한다. **필자는 법적인 문제점 해결 및 집회컨설팅 대행할 제반여건을 갖추고 의뢰인의 입장을 대변해 준다.**

7. 집회의뢰 시 진행과정

진 행 순 서	세 부 내 역	담 당 업 무	비 고
의뢰인 상담	-애로사항 개별면담 -상담일지 내용기록	-대표/본부장	*방문/면담 *전화 상담
집회여부 결정	-1인 시위 / 집회로 해결 가능여부 결정	-상담 후 진행여부 즉석결정	
진행경비 협의	-집회규모, 참여인원 소요비용 등 협의	-대표/본부장	*인원, 규모 선택 가능
집회현장 답사	-의뢰인 집회현장 안내 -집회장소 확인 및 점검	-의뢰인: 컨설팅사 현장안내 및 협의	
집회신고 접수	-집회신고서 사전작성 ⇒해당 경찰서 본인접수	-본인과 협의해서 신고서 작성지원	정보과 신고접수
집회 준비물	-현수막: 1~ 4개 준비 -피 켓: 1명당 1개씩 -어깨띠: 1명당 1개씩 -머리띠: 필요시 준비 -엠프, 메가폰: 필수품 -깃발, 기타 꽹과리 등	-의뢰인과 컨설팅사 협의하여 결정함 -집회 1일전 완료	준비물: 컨설팅사 보관/이동
참가인원 점검	-의뢰인 참가자 점검: 부족시 외부 요청함~ -내용 및 성격따라 증감	-의뢰인 컨설팅사 본부장 협의결정	
유인물 준비	-A4 용지1매, 분량작성 -집회사유: 상세히 기재	-의뢰인 세부진술 -연구소 작성지원	300~500매 현장배포
당일 집회시위	-지정장소 30분전 도착 -인원점검, 경찰 폴리스 라인확인 및 면담요청 -현수막 등 현장설치 -긴급사항 적절한 대처	-의뢰인과 컨설팅사 서로 협의해 진행 -진행자: 대표 인솔// 현장지휘	1일: 2~ 5시간 집회진행
집회 중간점검	-집회 마치고 평가/반성 -차후 집회일 확정/준비	-1회 집회직후 점검	
종합평가/대책	-집회진행, 종합평가 -인원, 진행 보완/점검	-양측회의/방향결정 -필요시 변호사참석	-집회전문 변호사조력

(1) 집회상담 및 진행해설

집회시위 상담과정을 설명한다. 만일 상담하려면 우리 사무소 방문하거나 우리가 의뢰인을 찾아간다. 가벼운 사안은 전화로 해주지만 내용이 복잡하거나 큰 규모이면 얼굴보고 얘기한다. 필자 경험상 직접 만난다면 집회실시 가능성 훨씬 높다. 2주전 파주 ○빌라에서 2억원 사기를 당한 분이 시위를 하였다. 그분은 부천에 회사가 있으나 필자가 찾아가 상담하였다. 이후 마포구에서 1회 집회하고 2번째 파주 진행하였다. 방문 시 궁금한 것을 풀어 주었고, 진행결과 큰 효과를 보았다.

대개 집회시위를 고민하는 분들은 결단성이 없거나 다른 방법이 없기 때문이다. 민사. 형사상으로 처리해도 집회는 안하려는 분들이 많다. 그래서 시간이 촉박 하거나 다른 대안이 없을 때에 효과가 더욱 크다. 아무튼 집회상담 겸 만난다면 즉석에서 집회여부를 결정한다. 아니면 수일 내 통보하여 주겠다며 헤어진다. 이후 집회견적서를 팩스, 이메일, 문자 보내주며 집회인원, 집회비용 등 협의한다. 통상 집회비용 50%를 계약금 성격의 착수금을 받는다. 이는 현수막 외 준비물과 인원확보를 위해서 꼭 필요하다. 착수금이 입금되면 집회용품 제작에 들어간다.

집회상담 후 현장 답사하면 좋지만 구글 사진도 된다. 집회신고는 가능한 빨리하고 참여인원은 많을수록 좋다. 10~ 20명 신고해 놓고 실제 5명 참가해도 된다. 단 1명만 참석하는 것은 곤란하다. 1인 시위는 혼자지만, 집회는 최소 2명 이상해야 한다. 만일 10명 신고하고 20~ 30명 참가한다면 안 된다. 적은 인원은 괜찮지만 훨씬 많은 인원이라면 변경 신고사항이다. 집회신고 후 48시간 지나야 시행할 수 있다.

끝으로 집회사유서 작성해서 배포하는 일이 중요하다. 1매 분량으로 사유서를 200~ 500매 복사해 출입자, 행인에게 나눠준다면 효과가 매우 크다. **집회시작 30분 전 도착해 준비하면 경찰 정보관이 와서 합법적인 진행방법을 알려준다.** 정보관에게 부탁하여 상대방과 "대화 시간" 등을 통해 협상하며, 종료 후 종합평가 및 계획을 상의한다.

8. 집회시위 주요 질의응답

(1) 소심해서 남 앞에 못 서는데 가능할까요?

그래서 우리가 돕는다. 집회는 물론이고 1인 시위도 혼자서 하려면 처음에는 거의 불가능하다. 엄두가 잘 안 나고 어디부터 시작해야 할지 막막하다. 남의 이목이 두려워서 여러 생각은 해도 막상 행동으로 실행하지 못한다. 그래서 우리가 돕고 있다. **전반적인 것을 지원하므로 피켓 들고 가만히 서 있기만 해도 된다. 현수막. 피켓. 어깨띠 제작 및 유인물 작성 등 모든 과정을 의뢰인과 상의하며 진행한다. 1명~ 수십명 도우미 지원도 가능하다. 누구나 피상적으로 집회를 알고 있어도, 직접 활용하는 분은 매우 드물다.** 오히려 소심하고 내성적 분들이 저희 방침에 잘 따르고 좋은 결과를 맺는 경우가 많다. 파이팅~!!

(2) 상대방과 원수 되고, 주변 이목이 두렵습니다.

충분히 이해한다. 채무자 혹은 상대방과 원수가 될 수도 있다. 그런데 냉철하게 봐야 한다. **"지금은 좋은 사이 인가요? 오히려 신의를 저버린 것은 상대방 아닌가요?"** 이런 상태면 어차피 멀어진다. 즉 **"명분과 실리"를 다 잃는다. 그로 인한 고통은 자기 몫이다.** 다급하거나 절실해야만 도움을 받는다. 우리는 그런 분들을 돕는다. 현재 상황에 대해서 진실을 안다면 오히려 상대방이 비판 받을 것이다. 큰마음 먹어야 도움 받는다. 아니라면 하염없이 민사 형사에 매달리고 시간만 간다.

(3) 분쟁 시 집회하면 정말 효과 있나요?

물론 집회가 만능은 아니다. 하지만 매우 효과가 크다. 예를 들면 노임 체불, 공사비 미지급, 채권채무, 노사 및 비리문제, 공공 정책 이의제기, 배신행위 등 사건은 법적으로만 접근 시 시간과 돈만 들고 결과도 모른다. **손자병법에 "出其不意(출기불의), 先勝求戰(선승구전)"** 즉 예상치 못한 곳으로 간다면 이겨놓고 싸우게 된다. 상대방은 시위하리라 전혀 모른다. 그런데 막상 돌입하면 당황하며 합의점 찾으려고 한다. 특히 상황 파악을 위하여 경찰서 정보관이 전화하면 엄청 놀란다. 보통 정보관은 약자 편에 선다. 경험상 80% 이상 효과를 본다. 세상에 가치 있고 값진 것 가운데 싸우지 않고 저절로 잘되는 일은 없다.

(4) 비용은 얼마인가요? 돈만 들고 효과 없다면?

우선 상담은 무료이며 기타 부문은 비용이 든다. 만일 집회로 단기간 해결이 힘들면 거절할 수도 있다. 물론 세부 용품은 선택 가능하다. 기본 집회비용은 인건비, 현수막. 피켓. 어깨띠, 깃발, 엠프, 꽹과리 외, 기타 비용 등이다. 간단한 사항은 1인 시위로 본인이 직접 한다면, 피켓 제작 비용 등 지출이 적게 든다. 집회 비용은 기간, 장소, 인원 등에 따라 다르니 홈피 견적서 참조 바란다. 집회 성공 시 받을 이익 대비해 부담이 크지 않으며, 확신이 없으면 좀 더 알아봐야 된다.

(5) 만일 집회로 고소당해도 괜찮은가?

집회로 인하여 상대방에게 고소당할 수 있다. 업무방해 또는 명예훼손 등 때문이다. 그러나 허위사실이 아니라면 전혀 문제될 수가 없다. 집회 신고하면 경찰이 특정지역을 집회할 수 있게 허용한다. 그 지역 내에서 준법집회하면 업무방해 등 될 수 없다. 다만 **명예훼손 등은 욕설, 허위 사실 등은 조심해야 한다.** 이는 집회만이 아니라 사회 모든 활동에 적용 된다. <u>지금까지 필자는 600여차례 집회하며 종교단체, 다단계업체로부터 수차례 업무방해, 명예훼손으로 고소당했지만 "집회신고"하였으므로 모두 "무혐의" 처분을 받았다.</u> 이처럼 고소는 거의 없지만 혹시 발생했다면 "누구를 고소했느냐" 따라 대응하면 된다. 집회신고자와 컨설팅사 대표 자를 고소했다면 공동대응하면 된다. 따라서 고소 때문에 우려할 필요는 없다. 집회신고자는 매우 큰 법적보호를 받는다!!

(6) 집회비용은 세금계산서 처리 가능한가?

당연히 사업자등록증 종목에 집회컨설팅, 용역제공 등이 있으므로 세금 계산서 등 발행이 가능하다. 다만 사업자 없는 개인일 때는 의뢰인 요구 대로 해준다. 부가가치세 등 끊고 종합소득세 등 납부하므로 법적으로도 문제될 소지가 없다. 이젠 투명한 시대이다!!

9. 집회시위 주요 성공사례

필자는 250여곳에서 600회 이상 집회를 직접 진행하였다. **그중에 특별한 사례들을 정리하였다. 당사자의 고민을 깔끔하게 해결한 사례가 많다!!** 우리는 최전선에서 전력투구하였다. 집회 성공의 3박자는 주최자 의지와 진행자 열정, 타이밍 포착능력이다. 본인 여건과 비교하면서 읽어보면 돌파구가 보일 것이다!! (세부 집회사례: 85건 별도기재)

(1) 교육청 신축학교 노임체불 집회

인천교육청은 2012년 인천시 청라고교 발주공사를 풍ㅇ건설에 주었다. 하도급 업체는 보ㅇ건설이며 상록인력이 1억원의 노임을 받지 못하였다. 발주처가 인천교육청이므로 풍ㅇ건설이 부실하여 2013년 1월 인천교육청에 일드림협회원 40여명 몰려가서 집회했고, <u>이틀 만에 인천교육청이 노임전액 지급보증을 약속해서 열흘 후 모두 받았다.</u>

(2) 잠실롯데월드 사우나 보증금 7천만원 회수

사우나 세신 때밀이 보증금을 1년 지나도 주지 않아 그 전세권자인 스ㅇ파크 업체 상대로 2014년 3월 10명이 집회했다. <u>집회 세차례 만에 보증금 5천만원 외에 손해배상금 2천만원을 추가로 받았다.</u> 이는 스ㅇ파크 측에서 7개 체인점에 미치는 소문 및 년간 회비를 수백만원씩 받는 회원들에게 미칠 악영향을 고려해서 부득이 타협하였다.

(3) 불법 깡패동원 아파트탈취, 환수집회

2018. 6. 8. 종각역 인근 예금보험공사(예보) 앞에서 40명 집회하였다. 예보가 감독권을 행사해 억울한 아파트 미입주 상태를 풀어 달라 하였다. 피해자 180세대는 10여년전 신림역 인근 주상복합아파트를 분양 받고 계약금 및 중도금까지 납부하였으나 시공업체 부도로 공매로 넘어갔다. 그 사이 **시행사가 불법으로 깡패를 동원해 입주민을 강제로 쫓아내고 주인 행세하였다.** 이후 집회 예보 2회, 관악구청 2회, 신림역 주상복합 APT 10여회 시위했다. 결국 <u>신탁사, 예보, 낙찰자와 원만하게 합의하여 거의 다 입주했다. 가장 큰 보람을 느낀 집회였다~!!</u>

(4) 경북 영양군민 풍력발전 찬성집회

2018. 10. 30. 첫 원거리 지방출장 집회였다. **영양군민이 주최자이고 대기업 GS 계열사가 주관했다.** 집회 하루 전 도우미 4명은 영양읍에 도착해서 자고, 아침 9시부터 **영양군청사 뜰에서 100여명 모였다.** "석보면민은 풍력발전 찬성한다. 군청은 협조하라!!"등 구호를 외쳤다. 2시간여 실시한 후 옮겨서 인근 환경부 산하 "멸종위기종 복원센타" 개소식 정문 앞에서 계속하였다."환경부는 환경영향평가를 긍정 검토하라!"등 구호 합창했다. 이후 2019년 1월에도 대구지방환경청사 정문에서 2차 시위진행하여 영양군 석보면 제2풍력발전소 유치에 크게 기여하였다.

(5) 형틀목수 3700만원 노임체불 1회차 해결

2019. 1. 29. 구리시 수택동 빌라현장에서 15명이 모였다. 작업한 형틀목수가 "3개월 밀린 3700만원 노임 당장 지급하라!!" 구호 외치니 경찰과 주민들이 민원을 제기하는 등 시끄러웠다. **건축주는 노임을 주었으나 시공사가 중간 미지급으로 드러났다. 경찰정보관 중재로 합의서 쓰고 1주일 후 설날 이전에 지급 약속하였다.** 실제로 3일 후 전액 받았다.

(6) 방이동 한ㅇ건설 착공 요구집회

2019. 7. 23. 송파구 한ㅇ건설 본사에서 50여명 모였다. **광주시 오포읍 소재 타운하우스 시공사는 계약금 중도금만 1백여억원 받고 5년간 착공도 하지 않았다.** 그래서 피해자들이 모여 "부도덕한 한ㅇ건설은 광주 타운하우스 즉각 착공하라!"등 구호를 외쳤다. 한성백제역 인근 한ㅇ건설은 인접 사무소 2곳을 옮겨가며 집회했다. **8m, 6m 대형 현수막 3개를 대로변 설치하니 비상 걸렸다.** 회사 이미지와 주변인 이목 때문이다. 마침 정보관의 적극 중재 등으로 집회 2시간 후에 종결하였다. 이렇게 빨리 마치는 경우는 거의 없었다. 5년간 못한 악성 미착공 공사를 불과 2시간 만에 해결한 쾌거이다!!

(7) 동탄 금호어울림APT 하자대책 요구집회

2019년 10월 동탄2신도시 금호어울림1차APT 주민들이 입주1년 만에 수많은 하자문제로 집회 신고하였다. 우선 박0구회장 한남동 자택에서

집회키로 준비하다가 시위 전날 시공사와 전격적 합의해서 중단하였다. 아마도 대주주 박ㅇ구회장에게 보고하니 무조건 막으라고 지시해서 요구 조건을 수용했을 것이다. 전체 집회의 30% 정도는 시행 않고 종료한다고 예상한다. 이처럼 **집회신고 만으로 부담 느껴 타결되는 경우도 많다.** 만일 입주민이 소송이나 고발 등 선택했다면 큰 문제점을 그대로 두고 싸움만 격화되었으리라!!

(8) 성신양회 단양공장 진입로 매입요구 시위

성신양회가 충북 단양군 매포읍 석회석광산 진입로 4만평 가운데 일부를 18년간 사용료를 주지 않고 있었다. 기존의 협소한 농로를 확대 포장하면서 토지주 동의를 받지 않았고, 이를 감독할 단양군청의 직무태만을 주장하였다. 2020년 11월 단양군청, 채석장, 매포공장, 서울 본사에서 총 5차례 시위하였다. **그 결과 의뢰인 요구대로 성신양회는 4만여평을 매입하였다. 불과 2개월 만에 20여년간 해결되지 않은 악성 민원을 깔끔하게 정리하였다.** 이것이 시위의 파워이고 위력이다!!

(9) 공사비 20억원 부당대출 피해배상요구 시위

중ㅇ구 신협이 86억원의 준공검사 대출하면서 시공사에게 약속한 20억원을 주지 않았다. 시공 건물에 유치권 행사했으나 건축주가 시건장치를 부수고 폭력을 행사하였다. 2021년 5월 7차례 해당 신협 앞에서 시위할 때에 의뢰인과 필자를 "업무방해, 신용훼손" 등으로 고소하였으나 전부 무혐의 처분을 받았다. **매우 격렬한 시위했으며, 결국 신협측 주선으로 건축주, 시공사가 만나서 체불금 20억원을 거의 받았다.**

(10) 부부 주식사기단 수천만원 피해보상요구 시위

회사 주식을 사면 큰돈을 번다는 속아서 수천만원 주었으나 주식증서도 없었다. 2021년 6월 구로동 건물에 현수막 2개를 걸고 "이 빌딩 10층의 이회장 부부는 피해금 3천원 즉각 배상하라!! 저소득층 울리는 주식전문 부부사기꾼을 처벌하라!!" 외치니 **피해자들이 몰리는 등 난리 났다. 결국 상대측은 백기를 들었고 원금 외 보상금 500만원까지 받았다.**

(11) 청라지구 근생부지 PF 폭리이율 조정요구 시위

인천 청라지구에 오피스텔을 메리츠화재 PF자금으로 공사했으나 분양이 저조해서 원리금을 연체하였다. 이에 메리츠화재는 2%씩 추가 이자를 더 받아서 총 33억원 70억원을 더 내야했다. <u>2022년 6월 10명은 메리츠화재 앞에 모여서 시위를 시작하니 바로 협상을 요구했다. 10분 지나서 메리츠화재 측은 요구사항을 대폭 수용해서 시위 철수하였다.</u>

(12) 위례중ㅇ타워 시행사 앞 고관리비 등 항의시위

위례중ㅇ타워 수분양자 피해민협의회에서 선릉역 인근 시행사 대상으로 시위하였다. 2022년 9월 15명은 "업무시설 3개층 근린생활 용도로 변경한 것의 손해금을 배상하라!" 등 구호를 외쳤다. <u>시행사도 사태의 심각성을 느끼고 대화를 요청하고 요구사항 거의 수용했다.</u>

(13) 부산시의회 앞 기장군 파크골프장 승인철회요구 집회

부산시 기장군 내 파크골프장 승인을 강력 반대하는 시위를 부산시의회 앞에서 하였다. 2023년 6월 60여명의 주민들은 부산시의회 앞에서 이ㅇ 시의원 등 개발업자 편을 들어서 분노의 함성을 질렀다. <u>부산시의회도 언론 등 비판적 기사를 보고 "대책위원회"를 구성해 협상하였다.</u>

(14) 서울 코엑스 앞 현대갤러리 전시탈취 철회요구 시위

영국 유명작가 호크니 전시회를 가로챈 현대백화점 계열사를 규탄하려고 2023년 9월 코엑스 전시관으로 갔다. ㅇ중소업체는 한국독점계약을 믿고 현대측 계열사에 기획안을 공유하였으나, 호크니 본사에 "우리가 4배를 더 주겠다"라며 전시회를 가로챘다. <u>피해자와 항의 시위하고 이철ㅇ국회의원이 적극 중재하여 피해금을 거의 보상해 주었다.</u>

(15) 여의도 금감원 앞 은행상품 ELS피해자 보상요구 집회

홍콩 H주식과 연계 은행상품 투자한 15만명이 10조원 가운데 5조원의 원금손실 이해를 보았다. 손실을 충분히 알리지 않은 불완전 판매로써 H주식의 폭락으로 절반 이상 손해를 보았다. <u>2024년 1월 500명 참석하고 다수 언론의 보도로 시위결과 20~ 60% 피해배상을 받았다.</u>

10. 옥외집회(시위·행진) 신고서 작성요령

(1) 신고 기관
옥외집회시위 신고는 관할지역 경찰서에 한다. 단 서울시 서초구, 강남구 등 큰 인구는 관내에 2개씩 경찰서가 있다. 구역 따라서 관할이 나뉘므로 사전에 경찰서에 전화 확인 후 정확히 방문해야 한다.

(2) 신고양식 및 신고기간
옥외집회를 주최하려는 사람은 신고서 양식을 경찰서 홈피에서 다운 받거나, 경찰서를 방문하면 비치되어 있다. 처음에는 해당 정보관에게 문의하면서 작성하지만, 신고 경험 있다면 미리 작성해 제출하면 편리하다.
신고기간은 옥외집회시위 시작하기 720시간 전부터 48시간 이전에 관할 경찰서에 제출한다. 720시간은 정확히 30일이며, 이해관계자가 있을 때 1순위 집회신고를 하면 선순위 집회자로 인정받는다.

다만 주관자, 참가 예정단체가 있거나 질서유지인을 두는 경우에는 신고서에 기재한다. 질서유지인은 10명당 1명씩 둔다. 일례로 10명 이하이면 1명, 11명 이상 19명이면 2명, 20명~ 29명이면 3명 기재하고 성명. 생년월일. 주소. 직업, 연락처를 적는다. 단, 집회신고인과 연락자는 질서유지인에서 제외한다. 집회신고서에는 목적, 일시, 장소, 주최자, 참가예정 단체와 인원, 시위방법(시위대형, 차량. 확성기. 입간판 수, 구호제창 여부, 행진 진로, 약도 등)을 구체적으로 적는다.

(3) 접수증 교부
위 신고서를 제출하면 즉시 관할 경찰서로부터 접수증을 발급 받는다.

(4) 신고서 보완 통보
위 신고서의 기재사항에 미비한 점이 발견되면, 관할 경찰서는 접수증을 교부 받은 때로부터 12시간 이내에 주최자에게 24시간 기한으로 보완을 통고할 수 있다.

(5) 옥외집회시위 미개최 통보

옥외집회시위 주최자는 신고한 시위를 하지 않게 되면, 시위일시 24시간 전에 철회신고서를 제출해야한다. (집시법 제6조 3항)

(6) 옥외집회 신고의 예외

학문, 예술, 체육, 종교, 의식, 친목, 오락, 관혼상제, 국경행사 등에 관한 옥외집회신고 대상이 아니다. (집시법 제15조)

(7) 집시법 위반시 제재

옥외집회시위 신고를 하지 않으면 2년 이하의 징역 또는 벌금에 처한다. (집시법 제22조 2항) 또한 옥외집회시위 신고를 거짓으로 하면 6개월 이하 징역 및 50만원 이하의 벌금. 구류 또는 과태료에 처한다.

(8) 집회신고서 작성 질문사항

① 집회시위 신고를 꼭 해야 하나요?

집단적 의사표현인 집회 자유는 민주주의 실현에도 꼭 필요하다. 만일 사전 신고 없이 무제한으로 이뤄진다면, 집회의 경합으로 의사전달을 못하거나 다수 집회 참가자와 반대 입장 사이에 충돌이 일어날 수 있다. 또한 교통장애나 소음발생으로 주거의 평온침해 등 제3자 법익을 침해할 수 있다. 그러므로 적법한 집회시위는 민주국가 성숙도의 상징이다.

② 집회시위 신고하면 얻는 이익은?

관할 경찰서장은 집회 성격과 규모를 파악해 적법한 범위 내 보호한다. 신고인은 결국 원하는 바를 얻기 위한 수단으로 집회하므로 경찰정보관이 원만하게 중재할 기회를 준다. 또한 집회방해 행위는 집시법 위반으로 처벌하는 등 집회신고로 얻는 이익이 훨씬 크다.

③ 경찰의 친절함이 예전과 다르다!

경찰서 찾을 때 기분 좋은 사람은 별로 없다. 예전부터 경찰의 부정적 이미지 때문이다. 그러나 요즘은 경찰서 입구부터 신고서 접수까지 무척 친절하다. 근무태도가 인사평가에 반영되기 때문일 것이다.

특히 해당지역 정보관은 집회진행, 협상 등 많은 도움을 준다. 어쩌면 피해자인 집회신고자에게 따뜻한 배려가 당연히 느껴질 수도 있다. **하지만 의지할 곳 없이 상대방과 힘겹게 싸울 때 정보관의 격려와 친절함은 무척이나 고맙다.** 필자는 수백번 집회경험 통해서 많은 변화를 피부로 느낀다. **정보관에게 좀 더 과감히 터놓고 중재를 요청하면 좋은 결과가 나온다고 확신한다!!**

11. 집회신고서 작성사례 및 관련양식

※ 신고 사례

■ 집회 및 시위에 관한 법률 시행규칙 [별지 제1호서식] <개정 2013.10.22>

옥외집회(시위·행진) 신고서

(앞 쪽)

접수번호		접수일자		처리기간	즉시

신고인	성 명(또는 직책)	김 한 성	생년월일	1961. 4. 20
	주소	서울시 서초구 효령로 20, 303호 (전화번호 : 010. 7459. 6866)		

집회(시위·행진) 개요	집회(시위·행진) 명칭	악덕 건물주 사무실 칸막이 방음공사 요구집회
	개최일시	2024년 4월 11일 00시 1분 ~ 2024년 5월 7일 24시 00분 (24시간)
	개최장소	상 동
	개최목적	사무실 칸막이 방음시설 부재로 시정요구

관련자 정보	주최자	성명 또는 단체명	김 한 성	생년월일	1961. 4. 20
				직업	인력 사업자
		주소	상 동	(전화번호 :)	
	주관자	성명 또는 단체명	〃	생년월일	
				직업	
		주소		(전화번호 :)	
	주최단체의 대표자	성명		생년월일	
				직업	
		주소		(전화번호 :)	
	연락 책임자	성명	홍 승 주	생년월일	1961. 2. 1.
				직업	사업
		주소	수원시 권선구 구운동 10.	(전화번호 : 010-9291-6811)	
	질서유지인		1	명	

참가 예정 단체· 인원	참가예정단체	
	참가예정인원	17명

-34-

시위 방법 및 진로	시위 방법(시위 대형, 구호제창 여부, 그 밖에 시위방법과 관련되는 사항 등)	
	시위 진로(출발지, 경유지, 중간 행사지, 도착지, 차도·보도·교차로의 통행방법 등) 없음	
참고 사항	준비물(차량, 확성기, 입간판, 주장을 표시한 시설물의 이용여부와 그 수 등) 뒷면 참고	

「집회 및 시위에 관한 법률」 제6조제1항 및 같은 법 시행규칙 제2조제1항에 따라 위와 같이 신고합니다.

2024년 4월 8일

신고인   강한성   (서명 또는 인)

방배 경찰서장(지방경찰청장) 귀하

| 첨부서류 | 1. 「집회 및 시위에 관한 법률 시행규칙」 별지 제2호 서식의 신고서(주최자, 주관자, 참가예정단체가 둘 이상이거나 질서유지인을 두는 경우만 해당합니다)
2. 시위·행진의 진행방향 등을 표시한 약도(시위와 행진을 하는 경우만 해당합니다)
3. 재결서 사본 또는 판결문 사본(「집회 및 시위에 관한 법률 시행령」 제10조에 따라 이의신청에 대한 재결 등이나 행정소송을 거쳐 새로 신고하는 경우만 해당합니다) | 수수료
없음 |

유의사항

1. 참고사항에는 아래의 사항도 기재하여 주시기 바랍니다.
  가. 「집회 및 시위에 관한 법률」 제6조제5항 단서, 제9조제3항 단서에 따라 인용재결 또는 금지통고의 효력 상실 후 재신고 하는지 여부
  나. 집회시위의 제한·금지에 대한 행정소송 승소 후 재신고 하는지 여부
2. 이 신고서의 기재사항에 미비한 점이 있는 경우에는 보완통고를 받게 되므로 정확히 기재하시기 바랍니다.
3. 신고한 집회를 개최하지 않을 경우에는 사전에 관할 경찰관서장에게 통지해 주시기 바랍니다.

처리절차

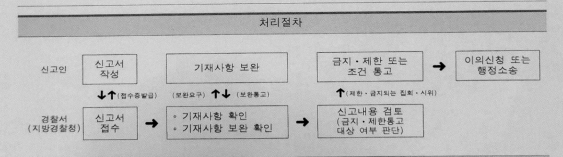

[별지 제2호 서식] <개정 2004.9.23>

○ 주 최 자   ┐
○ 주 관 자   │
○ 주최단체의 대표자 │ 명 단
○ 질서유지인   │
○ 참가예정단체   ┘

총 : (│ 명)

①번호	②성명 (단체명)	③연령 (생년월일)	④직업	⑤ 주 소	⑥ 연 락 처	
1	홍길동	70.1.2	사업	서울 종로구 율곡로 19길 24	전화번호	
					휴대전화번호	010-1211-0001
2					전화번호	
					휴대전화번호	
3					전화번호	
					휴대전화번호	
4					전화번호	
					휴대전화번호	
5					전화번호	
					휴대전화번호	
6					전화번호	
					휴대전화번호	
7					전화번호	
					휴대전화번호	
8					전화번호	
					휴대전화번호	
9					전화번호	
					휴대전화번호	
10					전화번호	
					휴대전화번호	

21026-26011비
89. 4.18. 승인

268㎜×190㎜
(신문용지 54g/㎡)

집회(시위. 행진) 내용 및 준비물

○ <u>집회내용</u>(행사 순서)

- 집회 일정 안내
- 취지·요구사항 설명
- 구호 제창
- 자유 발언
- 유인물 배포
- 폐회사
- 광고 및 현장 정리

○ <u>집회관련 준비물</u>(시위용품)

- 엠프 : 1대
- 확성기 : 1대
- 현수막 (5m×1.5m) : 2개
- 어깨띠 : 7개
- 머리띠 : 7개
- 꽹과리. 징 : 각 1개

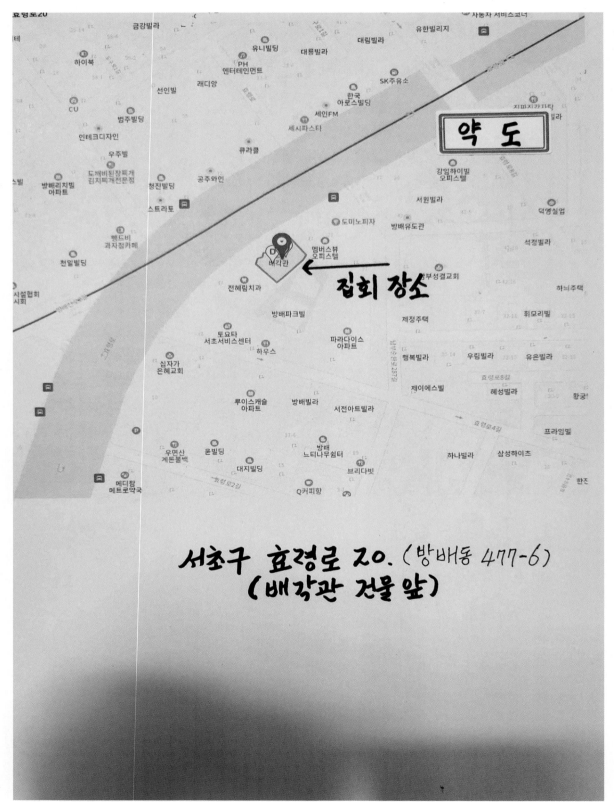

약 도

집회 장소

서초구 효령로 20. (방배동 477-6)
(배각관 건물 앞)

옥외집회(시위 · 행진) 신고서 접수증

 접수증 ①

접수번호 제 24-1810001-000102 호	접수일 2024년 04월 08일	접수기관 서울방배경찰서장

① 명 칭	악덕 건물주 사무실 칸막이 방음시설요구 집회	
② 개최일시	2024년 04월 11일 ~ 2024년 05월 08일	00:00 ~ 23:59
③ 개최장소 (시위·행진의 진로)	효령로 20(백각관빌딩 앞 인도상)	
④ 주최자 주 소	서울시 서초구 효령로 20 303호	
성 명 (단체명)	김한성 ( )	
⑤ 접수일시	2024년 04월 08일 13 시 48 분	
⑥ 참고사항 (신고인원)	● 신고인원 - 6명 [집회신고일] 2024년 04월 11일, 12일, 13일, 14일, 15일, 16일, 17일, 18일, 19일, 20일, 21일, 22일, 23일, 24일, 25일, 26일, 27일, 28일, 29일, 30일 2024년 05월 01일, 02일, 03일, 04일, 05일, 06일, 07일, 08일 [집회신고일] 행진 없음 연락책임자 : 홍승주 (010-9289-64) (행정지도) 1. 집회로 인한 차량 및 보행자의 소통에 지장을 주지 마십시오 2. 집회로 인한 소음민원 발생시 즉시 기준 소음을 유지 하십시오 3. 집회로 인한 상가의 영업 방해 금지와 주민의 평온한 사생활을 침해하지 마십시오 4. 집회 시만 현수막 게시 가능하며, 미개최시 지자체에서 현수막 철거할 수 있고, 도로상 적치물에 대해 도로법 상 지자체 별도 조치가 될 수 있습니다. 집회신고시 관련 내용을 고지하였음	

위와 같이 접수하였습니다.

2024년 04월 08일

서울방배경찰서장

김한성 귀하

집회 및 시위 준수사항
(집회 및 시위에 관한 법률)

제16조 [주최자 준수사항]

① 집회 또는 시위의 주최자는 집회 또는 시위에 있어서의 질서를 유지하여야 한다.
② 집회 또는 시위의 주최자는 제1항에 따른 질서 유지에 관하여 자신을 보좌하도록
   18세 이상의 사람을 질서유지인으로 임명할 수 있다
③ 집회 또는 시위의 주최자는 제1항에 따른 질서를 유지할 수 없으면 그 집회 또는
   시위의 종결을 선언하여야 한다.
④ 집회 또는 시위의 주최자는 다음 각 호의 어느 하나에 해당하는 행위를 하여서는
   아니된다.
   1. 총포, 폭발물, 도검, 철봉, 곤봉, 돌덩이 등 다른 사람의 생명을 위협하거나 신체에
      해를 끼칠 수 있는 기구를 휴대하거나 사용하는 행위 또는 다른 사람에게이를 휴대
      하게 하거나 사용하게 하는 행위
   2. 폭행, 협박, 손괴, 방화 등으로 질서를 문란하게 하는 행위
   3. 신고한 목적, 일시, 장소, 방법 등의 범위를 뚜렷이 벗어나는 행위
⑤ 옥내집회의 주최자는 확성기를 설치하는 증 주변에서의 옥외 참가를 유발하는 행위
   를 하여서는 아니 된다

제17조 [질서 유지인 준수사항 등]

① 질서유지인은 주최자의 지시에 따라 집회 또는 시위 질서가 유지되도록 하여야 한다.
② 질서유지인은 제16조 제4항 각 호의 어느 하나에 해당하는 행위를 하여서는
   아니된다.
③ 질서유지인은 참가자 등이 질서유지인임을 쉽게 알아볼 수 있도록 완장, 모자, 어깨띠,
   상의 등을 착용하여야 한다.
④ 관할경찰관서장은 집회 또는 시위의 주최자와 협의하여 질서유지인의 수를 적절하게
   조정할 수 있다
⑤ 집회나 시위의 주최자는 제4항에 따라 질서유지인의 수를 조정한 경우 집회 또는
   시위를 개최하기 전에 조정된 질서유지인의 명단을 관할 경찰서장에게 알려야 한다.

제18조 [참가자의 준수사항]

① 집회나 시위에 참가하는 자는 주최자 및 질서유지인의 질서 유지를 위한 지시에
   따라야 한다.
② 집회나 시위에 참가하는 자는 [주최자 준수사항]의 제4항 제1호 및 제2호에
   해당하는 행위를 하여서는 안된다.

<집회소음도·대화경찰관 제도 안내문>

□ 확성기등의 소음기준(집시법 시행령 제14조 별표2)

소음도 구분		대상 지역	시간대		
			주간 (07:00~해지기 전)	야간 (해진후~24:00)	심야 (00:00~07:00)
대상 소음도	등가소음도 (Leq)	주거지역, 학교, 종합병원	65dB 이하	60dB 이하	55dB 이하
		공공도서관	65dB 이하	60dB 이하	
		그 밖의 지역	75dB 이하	65dB 이하	
	최고소음도 (Lmax)	주거지역, 학교, 종합병원	85dB 이하	80dB 이하	75dB 이하
		공공도서관	85dB 이하	80dB 이하	
		그 밖의 지역	95dB 이하		

○ 등가소음도는 **시간대·장소에 따라 55~75dB**이 적용되며, 1회라도 기준 초과 시 소음기준 위반이 됩니다.

○ 최고소음도는 **시간대·장소에 따라 75~95dB**이 적용되며, '**1시간 이내 2회(주거 지역, 학교, 종합병원, 공공도서관) 또는 3회(그 밖의 지역) 이상 기준 초과**' 시 소음기준 위반이 됩니다.

○ 기준을 초과하는 소음을 발생시켜 타인에게 피해를 주는 경우에는 **관할경찰 관서장**은 △ 기준 이하의 소음유지 명령 △ 확성기 등 사용중지 명령 △ 확성기 등의 일시보관 등 필요한 조치를 할 수 있습니다.

○ 또한, 위 명령을 위반하거나 필요한 조치를 거부·방해하는 경우에는 형사 처벌을 받을 수 있습니다.

<등가소음도·최고소음도 위반시 통보 절차 안내>

집시법에 따른 **최고소음도 '초과 통보'** 또는 등가·최고소음도 '**소음 유지·중지 명령**' 대상인 집회 주최자가, 집회 현장에 **부재중 이거나 연락되지 않을 경우**에는 **집회 주관자 등 실질적 집회 주최자**에게 통보됩니다.
통보방식은 **서면 통보가 어려운 경우 전화 또는 문자로 전송**할 수 있으며, 이 경우 △**방송차(핸드마이크) 안내 방송** △**LED 전광판 현출** 등을 통해서도 소음도 기준 초과·위반사실을 알려드리겠습니다.

□ 대화 경찰관 제도

○ 경찰은 평화로운 집회·시위의 원활한 진행을 돕기 위해 대화경찰관 제도를 운영하고 있습니다.

○ 대화경찰관은 집회·시위 현장에서 벌어지는 갈등을 중재하고 참가자와 시민의 안전을 위해 조정 역할을 하고 있습니다.

○ 대화경찰관은 현장에 쉽게 찾을 수 있도록 조끼 등 별도의 복장을 착용하고 있으며 도움이 필요하신 경우 대화경찰관에게 요청하시기 바랍니다.

담당 대화경찰관 ☎ _____

■ 집회 및 시위에 관한 법률 시행규칙 [별지 제1호서식] <개정 2013.10.22>

옥외집회(시위·행진) 신고서

(앞 쪽)

접수번호		접수일자		처리기간	즉시
신고인	성 명(또는 직책)			생년월일	
	주 소			(전화번호 :)	

집회 (시위· 행진) 개요	집회(시위·행진) 명칭	
	개최일시	년 월 일 시 분 ~ 년 월 일 시 분
	개최장소	
	개최목적	

관련자 정보	주최자	성명 또는 단체명		생년월일	
				직업	
		주소			
				(전화번호 :)	
	주관자	성명 또는 단체명		생년월일	
				직업	
		주소			
				(전화번호 :)	
	주최단체의 대표자	성명		생년월일	
				직업	
		주소			
				(전화번호 :)	
	연락 책임자	성명		생년월일	
				직업	
		주소			
				(전화번호 :)	
	질서유지인				명

참가 예정 단체· 인원	참가예정단체	
	참가예정인원	

시위 방법 및 진로	**시위 방법**(시위 대형, 구호제창 여부, 그 밖에 시위방법과 관련되는 사항 등)
	시위 진로(출발지, 경유지, 중간 행사지, 도착지, 차도·보도·교차로의 통행방법 등)

참고 사항	**준비물**(차량, 확성기, 입간판, 주장을 표시한 시설물의 이용여부와 그 수 등)

「집회 및 시위에 관한 법률」 제6조제1항 및 같은 법 시행규칙 제2조제1항에 따라 위와 같이 신고합니다.

년   월   일

신고인

(서명 또는 인)

경찰서장(지방경찰청장)   귀하

첨부서류	1. 「집회 및 시위에 관한 법률 시행규칙」 별지 제2호 서식의 신고서(주최자, 주관자, 참가예정단체가 둘 이상이거나 질서유지인을 두는 경우만 해당합니다) 2. 시위·행진의 진행방향 등을 표시한 약도(시위와 행진을 하는 경우만 해당합니다) 3. 재결서 사본 또는 판결문 사본(「집회 및 시위에 관한 법률 시행령」 제10조에 따라 이의신청에 대한 재결 등이나 행정소송을 거쳐 새로 신고하는 경우만 해당합니다)	수수료 없음

유의사항

1. 참고사항에는 아래의 사항도 기재하여 주시기 바랍니다.
   가. 「집회 및 시위에 관한 법률」 제6조제5항 단서, 제9조제3항 단서에 따라 인용재결 또는 금지통고의 효력 상실 후 재신고 하는지 여부
   나. 집회시위의 제한·금지에 대한 행정소송 승소 후 재신고 하는지 여부
2. 이 신고서의 기재사항에 미비한 점이 있는 경우에는 보완통고를 받게 되므로 정확히 기재하시기 바랍니다.
3. 신고한 집회를 개최하지 않을 경우에는 사전에 관할 경찰관서장에게 통지해 주시기 바랍니다.

처리절차

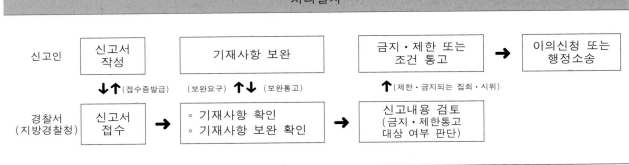

○ 주 최 자 　　　　┐
○ 주 관 자 　　　　│
○ 주최단체의 대표자 　│ 명 단
○ 질서유지인 　　　　│
○ 참가예정단체 　　　┘

총 : (　　　명)

①번호	②성명(단체명)	③연령 (생년월일)	④직업	⑤ 주　　소	⑥ 연 락 처	
1					집(사무실)	
					휴대전화	
2					집(사무실)	
					휴대전화	
3					집(사무실)	
					휴대전화	
4					집(사무실)	
					휴대전화	
5					집(사무실)	
					휴대전화	
6					집(사무실)	
					휴대전화	
7					집(사무실)	
					휴대전화	

집회(시위. 행진) 내용 및 준비물

○ **집회내용**(행사 순서)

○ **집회관련 준비물**(시위용품)

2장 포상 내역 및 언론보도

필자는 **1호 책 "억울하면 집회시위로 해결하라!!" 발간 이후 각종 언론보도, 인터뷰 및 포상을 받았다.** 금년 2024년에는 한국을 이끄는 혁신리더 대상, 올해의 베스트 인물 & 브랜드 대상 2023년도 글로벌 신한국인 대상 2022년도 올해를 빛낸 한국인 대상 2021년도 대한민국 미래경영 대상 등을 받았다. 그 외에도 주요 인물취재 언론사 "월간 인물", "이코노미 뷰", "뉴스메이커" 등에서 수많은 기사를 실어 주었다. 그 내용을 가까운 날부터 정리하였다.

1. 각종 포상내역

2024년 06월: 한국을 이끄는 혁신리더 대상 (뉴스메이커 대표이사 선정)

2024년 04월: 올해의 베스트인물 & 브랜드 대상 (연합매일신문 외 주최)

2023년 08월: 글로벌 신한국인 대상 (고객만족 부문, 시사대한뉴스 외 주관)

2023년 06월: 연세대학, 디지털 외 전문가과정 수료, 영예상 (미래교육원장)

2022년 12월: 2022 올해를 빛낸 한국인 대상 (한국언론연합회 등 주최)

2022년 10월: 혁신리더 대상 (고객만족 신뢰경영인, 시사매거진 2580 주최)

2021년 07월: 대한민국 미래경영 대상 (집회문화컨설팅, 헤럴드경제 선정)

2021년 06월: 혁신한국인 & POWER KOREA 대상 (스포츠서울 선정)

2021년 05월: 소비자 만족도 1위 기업/브랜드 (스포츠조선 선정)

2013년 11월: 고용서비스 우수인증기관 (고용노동부장관 선정)

2. 수상식 사진

(1) 2024년 올해의 베스트인물 대상

(2) 2024 한국을 이끄는 혁신리더 대상

(3) 2023년 글로벌 신한국인 대상

글로벌 신한국인 대상 수여식

시사대한뉴스 회장 및 수상자 단체 사진

제23822065호

2023. 제21회 우수 국회의원 및 지자체
글로벌 신 한국인 대상

고객만족 신뢰경영인 **부문**
오케이두리인력공사
대표 김 한 성

귀하는 투철한 국가관과 참된 이념을
통해 대한민국 발전에 기여하고 탁월한
리더십과 전문성으로 맡은 분야의 발전을
주도하고 급변하는 글로벌 시대에 대한민국
성장을 위해 헌신적으로 노력한 점을 높이
평가하여 『2023, 글로벌 신 한국인 대상』에
선정 되었기에 이 상장을 수여 합니다.

2023. 08. 22.

2023. 우수 국회의원 및 지자체
글로벌 신 한국인 대상 선정조직위원회
대회장 김 호 일 초대SISA대한뉴스총재 (현 대한노인회 중앙회장)

(4) 2023년 연세대학교, 디지털 외 전문가과정 수료 영예상

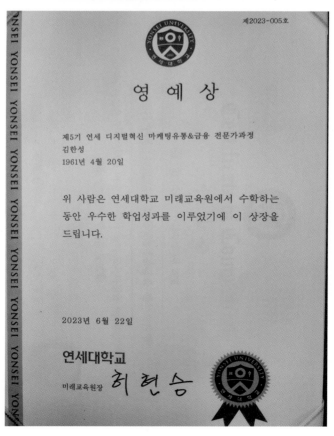

(5) 2022년 올해를 빛낸 한국인 대상

2022 올해를 빛낸 한국인 대상

제2022-12-51호

제8회 대한민국의 희망!
2022 올해를 빛낸 한국인大賞
2022 Grand Prize for Koreans who shined this year

大賞
올해의 집회시위컨설팅부문

성명:김 한 성 대표
소속:한국집회문화연구소

   귀하께서는 평소 투철한 직업관과 전문성을 바탕으로 바른 집회시위문화를 연구하고 방향성을 제시하며 국내 집회시위문화 발전에 앞장서온 점을 높이 평가하여 2022 올해를 빛낸 한국인 대상에서 이와 같이 대상으로 선정되어 이상을 수여합니다.

2022년 12월 16일

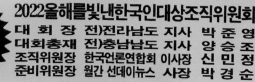

2022올해를빛낸한국인대상조직위원회
대 회 장 전)전라남도 지사 박 준 영
대회총재 전)충남남도 지사 양 승 조
조직위원장 한국언론연합회 이사장 신 민 정
준비위원장 월간 선데이뉴스 사장 박 경 순

(6) 2022 혁신리더 대상

(7) 2021 대한민국 미래경영 대상

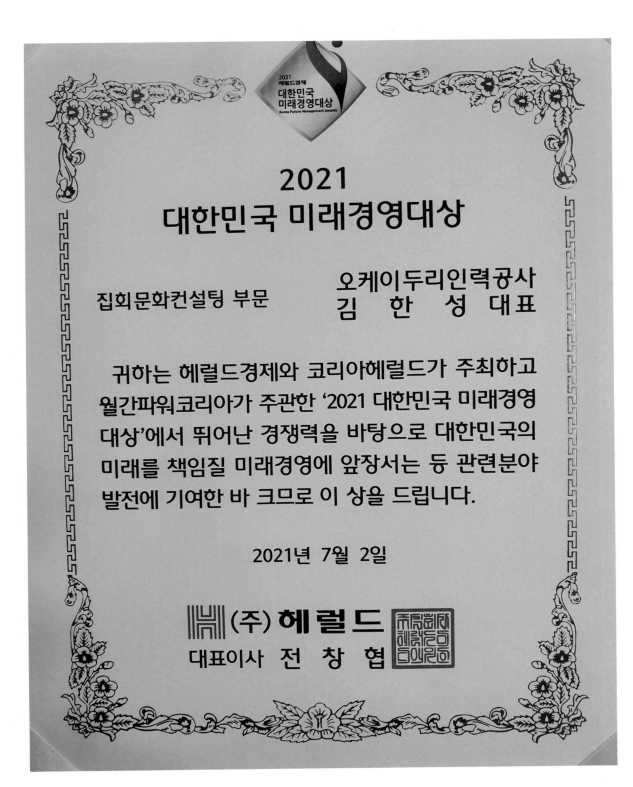

2021
대한민국 미래경영대상

집회문화컨설팅 부문

오케이두리인력공사
김 한 성 대표

귀하는 헤럴드경제와 코리아헤럴드가 주최하고
월간파워코리아가 주관한 '2021 대한민국 미래경영
대상'에서 뛰어난 경쟁력을 바탕으로 대한민국의
미래를 책임질 미래경영에 앞장서는 등 관련분야
발전에 기여한 바 크므로 이 상을 드립니다.

2021년 7월 2일

(주) 헤럴드
대표이사 전 창 협

(8) 2021 스포츠서울: 혁신한국인 & 파워코리아 대상

(9) 2021 스포츠조선: <u>소비자 만족도 1위 기업 & 브랜드</u>

(10) **고용서비스 우수인증기관 선정** (2013년 12월, 고용노동부장관)

(오케이두리인력: 전국 **건설인력부문, 매년 1개 우수업소 선정**함)

3. 언론보도 기사

(1) 올해의 베스트 인물 & 브랜드 대상 신문기사

2024년 '제31회 올해의 베스트 인물&브랜드 대상' 시상식 성료

 이주복 기자 | ⏱ 승인 2024.04.30 16:43

2024. 4. 30. 울산제일
일보.

서울 프레스센터 국제회의장에서 열린 '제31회 올해의 베스트 인물&브랜드 대상' 시상식 단체사진

지난 26일 서울 프레스센터 국제회의장에서 2024년 '제31회 올해의 베스트 인물&브랜드 대상' 시상식이 열렸다. 이번 시상식은 연합매일신문, 대한민국 인물&브랜드 대상 선정위원회가 주최하고 뉴스파일, 한국인물사연구원, 교통교육복지연구원 등이 주관했다.

이번 시상식의 수상자 선정은 기자단과 전문 교수진, 대한민국 인물&브랜드 대상 선정위원회, 한국소비자권리증진연대포럼으로 구성된 심사진들의 공정한 심사 절차와 평가를 통해 이뤄졌다. 시상식은 한국인물사연구원 이은식 박사의 기념사, 시상으로 진행되었으며 사회는 이효진(청주MBC) 아나운서가 맡았다. 이번 시상식의 수상자 명단은 다음과 같다.

'올해의 베스트 인물 대상'에는 △교육산업 부문=효자올림피아드 최엘모 원장 △스포츠-골프 부문=편무일 프로골프스쿨 편무일 원장 △골프레슨 부문=한국투어프로골프협회 이사 설봉환 프로 △고용서비스·집회컨설팅 부문=오케이두리인력공사 김한성 대표 △혁신 교육 부문=강남캠벨아카데미어학원 문수정 수석컨설턴트 △사회봉사 대상 부문=우정보조기 양지관 대표 등이 영예를 안았다.

'올해의 베스트 브랜드 대상'에는 △혁신제품-단열행거도어 부문=에스와이이엔지 이우준 대표 △미용산업 부문=아벤투라협동조합 김용빈 대표 등이 명단에 올랐다.

이주복 기자

(2) 뉴스메이커 24년 6월호: 혁신리더 취재 기사

우리나라의 올바른 집회시위문화를 만들어 가겠다
김한성 오케이두리인력공사 대표

우리나라는 '모든 국민은 언론·출판의 자유와 집회·결사의 자유를 가진다'는 대한민국 헌법 제21조 1항을 통해 집회시위의 자유를 보장한다. 이를 바탕으로 대한민국 국민은 누구나 집회의 자유를 가지며 이를 통해 자신의 의견을 표출할 수 있는 권리를 갖는다.

국내 제1호 집회·시위 컨설팅 전문가로 활동 중인 김한성 대표는 지난 2009년 고용노동부 선정 고용서비스 우수인증기업인 오케이두리인력공사를 설립하고, 건설인력부문과 집회 컨설팅을 연계한 업무를 수행하며 명성을 얻고 있다.

헌법과 법률에서 보장하는 집회·시위는 국가의 법질서와 일반 시민들의 자유를 침해하고 위협하면서까지 누릴 수 있는 절대 권리가 아니다. 모두에게 주어진 기본권은 서로 간의 이해와 배려로 공감하며 조화를 이룰 때 공존할 수 있고 시너지효과를 낼 수 있으며 그로 인해 인권은 더욱 보장되고 존중받을 수 있다.

국내 제1호 집회·시위 컨설팅 전문가

김한성 오케이두리인력공사 대표의 행보가 화제다. 국내 제1호 집회·시위 컨설팅 전문가로 활동 중인 김한성 대표는 지난 2009년 고용노동부 선정 고용서비스 우수인증기업인 오케이두리인력공사를 설립하고, 건설인력부문과 집회 컨설팅을 연계한 업무를 수행하며 명성을 얻고 있다. 김한성 오케이두리인력공사 대표는 "우연히 과천청사 집회시위를 경험한 후 초창기 인력업에 집회컨설팅 및 용역업을 함께하며 고통스러운 이들의 등대 역할을 하고 있다"면서 "그간 600여 회에 달하는 노임체불 등 각종시위의 풍부한 현장경험을 바탕으로 많은 이들의 억울함을 해소하고 있다"고 설명했다.

실제로 쌍용자동차 9년, 부동산 9년, 베트남 사업 2년, 인력업 15년 경력을 보유한 국내 제1호 집회·시위 컨설팅 전문가로서 소양을 쌓은 김한성 대표는 건설일용근로자일드림협회, 한국고용서비스협회 창립 멤버이자 전국파출소개연합회 대변인 등을 맡으며 열악한 업계 권익향상을 위해 총력을 기울여왔다. 이 과정에서 김 대표는 〈하루일자리미학〉, 〈긍정에너지〉, 〈억울하면 집회시위로 해결하라!〉 등의 저서도 출간했다. 특히 김한성 대표가 그간 수행한 집회 컨설팅 경험을 담은 〈억울하면 집회시위로 해결하라!〉는 국내 최초 집시학 총론서이자 집회·시위에 필요한 기초 상식부터 관련 법 규정, 옥외 집회 신고서 작성 요령, 계획·실행 과정, 효과적인 메시지 전달 방법, 100여 건의 실제 집회 사례와 사진, 시위 난제 돌파 사례 등이 상세히 담겨 있어 집회·시위를 준비하는 단체나 개인에게 도움이 되고 있다.

김한성 대표는 "전문적 식견을 바탕으로 집회시위를 철저히 계획하고 주도해 법적인 절차 이상으로 빠르고 효과적인 해결책을 제시할 것이다"며 "집회는 헌법에 보장된 표현의 자유이다. 누구나 적법하게 진행하면 큰 권리를 누릴 수 있다"고 강조했다. 이어 국내 집회시위 문화를 바꾸고, 억울한 일을 당한 분들에게 희망을 주려 한다.

집회 및 시위는 헌법에 보장된 권리인데, 잘못된 시위 문화로 인해서 부정적 인식이 강한 게 사실이다"면서 "저는 향후 바람직한 시위문화를 연구하고, 어떻게 하면 성공적으로 집회를 마무리할 수 있을지 방향성을 제시하겠다. 그리하여 우리나라의 올바른 집회시위문화를 만들어갈 것을 약속드린다"고 다짐했다.

억울한 일과 고통 속에 있는 이들에게 나침반 역할 수행
대한민국의 연간 집회시위 사전신고 건수는 10만여 건에 이른다. 하지만 이 중 실제로 실행되는 집회시위는 4~5%에 불과하다. 김한성 대표는 "법만으로는 해결하기 어려운 억울한 상황에 처해 집회시위에 호소하고자 하는 사람 중 대다수가 집회시위를 통해 합법적으로 자신의 메시지를 전달하는 방법을 몰라 미리 포기하거나 원하는 결과를 얻지 못한 채 흐지부지되곤 한다"면서 <u>"노임 체불, 공사비 미지급, 노사 및 비리 문제, 채권 채무, 공공정책에 관한 이의제기, 배신 행위 등은 민주주의 사회에서 법적으로 보장하는 집회시위를 활용하는 게 억울한 상황에 직면한 사람들에게 법적인 절차 이상으로 빠르고 효과적인 해결책이 될 수 있다"</u>고 강조한다.
이에 김한성 대표는 국민의 눈높이, 집회 주최자의 입장에서 집회컨설팅을 진행하고 있으며, 집회신고지원→현수막, 피켓, 어깨띠, 엠프 등 용품준비→인력동원→집회사회, 구호→경찰과 협상참여→마무리 등으로 이어지는 토털 서비스로 대부분 집회시위를 성공적으로 마친 바 있다. 특히 임금 체불로 고통 받는 노동자, 건축 비리로 금전적 피해를 입은 사람들, 대기업이나 거대 종교단체의 부도덕한 행동으로 피해를 본 사람들 등을 대신해 효과적인 집회시위를 계획하고 주도하며 만족할 만한 성과도 거뒀다. 이러한 공로를 인정받아 오케이두리인력공사는 소비자만족도 1위 기업/브랜드 선정, 혁신 한국인 & 파워코리아 대상, 대한민국 미래경영대상 집회컨설팅부문 대상, 대한민국 글로벌 新 한국인 고객만족신뢰경영인 부문 대상 등을 수상하기도 했다. 김한성 대표는 "집회시위를 통해서 얻을 수 있는 것은 많다.
합법 내에서 1인 시위, 2인 이상 집회를 효과적으로 활용하면 형사 고소 고발 및 민사소송을 통한 장기간 고비용 문제를 해결할 수 있다"면서 "앞으로도 국내 제1호 집회·시위 컨설팅 전문가로 억울한 일과 고통 속에 있는 수많은 이들에게 큰 나침반이 되겠다"고 각오를 다졌다. NM

김한성 오케이두리인력공사 대표는 "우연히 과천청사 집회시위를 경험한 후 초창기 인력업에 집회컨설팅 및 용역업을 함께하며 고통스러운 이들의 등대 역할을 하고 있다"면서 "그간 600여회에 달하는 노임체불 등 각종시위의 풍부한 현장경험을 바탕으로 많은 이들의 억울함을 해소하고 있다"고 설명했다.

연합매일신문
24. 4. 26.

제31회 올해의 베스트 인물&브랜드 대상 시상식

(3) 23년 8월 글로벌 신한국인 대상 기사 (5p)

The Nat'l Policy News
국민정책평가신문

칼럼　　　　정치　　　　경제　　　　사회　　　　문화

≡ 전체기사 🔍

오케이두리인력공사 김한성 대표, '2023 대한민국 글로벌 新 한국인 고객만족신뢰경영인 부문 大賞' 수상

임병동 기자 2023.08.28 14:05

2023. 8. 28.

크게 작게 ①

▲ 오케이두리인력공사 김한성 대표가 '2023 대한민국 글로벌 新 한국인 고객만족신뢰경영인 부문 大賞'을 수상하고 있다. ©

오케이두리인력공사 김한성 대표는 지난 8월 22일 서울 프레스센터 20층 국제회의장에서 (SISA)대한뉴스 주최로 개최된 '2023 우수 국회의원, 지자체 대상 및 글로벌 신 한국인 대상' 시상식에서 고객만족신뢰경영인 부문 대상을 수상하는 영예를 안았다.

'2023 우수 국회의원, 지자체 大賞 및 글로벌 신한국인 大賞'은 투철한 국가관과 참된 이념을 통해 대한민국 발전에 기여하고 탁월한 리더쉽과 전문성으로 맡은 분야의 발전을 주도하고 급변하는 글로벌 시대에 대한민국 성장을 위해 헌신적으로 노력한 점을 평가하여 선정했다.

오케이두리인력공사는 건설인력부문과 집회컨설팅을 연계한 컨설팅 전문기업으로 법만으로는 해결하기 어려운 억울한 상황에 처해 있는 의뢰인들을 합법적인 집회시위를 통해 합법적으로 자신의 메시지를 전달하는 방법을 제시하고 있다.

또한, 김한성 대표는 일드림협회, 한국고용서비스협회 창립 멤버로, 파출소개연합회 대변인 등을 맡고 있으며 '억울하면 집회시위로 해결하라!'는 국내 1호 집회 지침서를 출간하기도 했다.

오케이두리인력공사 김한성 대표는 이러한 공로를 인정받아 글로벌 신 한국인 대상 고객만족 신뢰경영인 분야에서 수상자로 내정되었다.

오케이두리인력공사 김한성 대표는 "전문적 식견을 바탕으로 집회시위를 철저히 계획하고 주도해 법적인 절차 이상으로 빠르고 효과적인 해결책을 제시할 것이다"며 "집회는 헌법에 보장된 표현의 자유이다. 누구나 적법하게 진행하면 큰 권리를 누릴 수 있다"고 뜻을 밝혔다.

한편 2023 글로벌 신한국인 대상은 (사)대한노인회중앙회, (사)서울시민회, (사)한국외식창업교육원, 글로벌 신한국인 大賞 선정위원회에서 주관했다.

기사입력: 2023/08/28 [14:05]
최종편집: ⓒ 국민정책평가신문

칼럼   정치   경제   사회   문화 ①

'2023 우수 국회의원, 지자체 大賞 및 글로벌 신한국인 大賞 및 소비자 브랜드 大賞' 개최

임병동 기자 2023.08.23 17:42   크게 작게

2023. 8. 23.

각분야에서 탁월한 리더쉽과 전문성으로 맡은 분야의 발전을 주도하고 헌신한 점을 평가 선정

▲ '2023 우수 국회의원, 지자체 大賞 및 글로벌 신한국인 大賞 및 소비자 브랜드 大賞' 단체 기념 촬영 모습. ©

'2023 우수 국회의원, 지자체 大賞 및 글로벌 신한국인 大賞 및 소비자 브랜드 大賞'이 지난 22일 오후 한국프레스센타 20층 국제회의장에서 성황리 개최 됐다.

'2023 우수 국회의원, 지자체 大賞 및 글로벌 신한국인 大賞 및 소비자 브랜드 大賞'은 투철한 국가관과 참된 이념을 통해 대한민국 발전에 기여하고 탁월한 리더쉽과 전문성으로 맡은 분야의 발전을 주도하고 급변하는 글로벌 시대에 대한민국 성장을 위해 헌신적으로 노력한 점을 평가하여 선정했다.

김영일 글로벌 신한국인 대상 선정위원장은 개회사에서 "'2023 '우수 국회의원, 지자체 大賞'& '글로벌 신한국인 大賞 및 소비자 브랜드 大賞' 시상식을 (사)대한노인회중앙회, (사)서울시민회, (사)한국외식창업교육원, 글로벌 신한국인 大賞 선정위원회와 (SISA)대한뉴스의 주최·주관과 (사)한국실내공기질관리협회, 유기농신문, 한국CM간사회, 대한이에스, 코슈퍼판넬, 알링크, 뉴굿스, 금호메디칼, 케이티크린산업, 지성아이앤씨, 투덕, 바이오맥스, 스테비아팜스, 부경에프이엠, 씨엠메디칼, 사랑농장, 성심건업의 후원으로 개최된 시상식에 참여하신 국회의원님과 지자체 단체장 및 지자체 의장·의원과 올해를 빛낸 각계각층의 기업인의 대표님들께서 오늘 함께 뵙게 되어 영광으로 여기며 오늘 수상하시는 수상자 여러분에게 진심으로 축하의 말씀을 드립니다."라고 했다.

그러면서 김영일 위원장은 "국내적으로 크고 작은 사건들과 이슈들이 많은 이 시간에 우리들은 정치가 올바른 국민을 위해 그리고 기업발전을 위하여 최선을 다해 줄 것을 믿고 소망하고 있습니다. 국민들은 위정자들이 올바른 정책을 세

우고·가업들이 이를 기반으로 활동할 수 있도록 방향성을 제시하는 것이 필요하고 정부에 대하여 정책 방향을 바로 제시하고 감독하는 입법 기관의 역할을 제대로 하는 의정 활동을 바라고 있습니다."라고 강조했다.

<u>김호일 글로벌 신한국인 대상 대회장</u>은 대회사에서 "본 시상식은 '21대 우수 국회의원 및 지자체장 大賞 & 글로벌 신한<u>국인 大賞</u>' 선정위원회가 자체적으로 실시한 평가결과를 종합해 2023년 상반기에 두각을 드러낸 국회의원과 지자체장, 지자체의원, 경제인, 문화예술인, 체육인 등을 수상자로 선정하고 시상하게 되었습니다. 수상자 모두에게 국민을 대신하여 수고하셨다고 격려를 보냅니다."라고 말했다.

이어서 김호일 대회장은 "본 수상이 국가발전에 밑거름이 되어 보다 나은 국민생활이 윤택하기를 희망해 봅니다. 앞으로도 변함없이 국민을 위한 의정활동과 사회·경제활동을 하시길 바랍니다."라며 "지금 대한민국은 고물가·고금리·고환율의 경제적인 어려움을 맞고 있습니다. 그로 인하여 사회양극화는 더욱 심해지고 사회분열과 대립으로 국민들의 힘이 하나로 모아지지 않고 오히려 갈등의 골은 점차 심화되고 있습니다. 계층·세대별 갈등과 분열을 넘어서 사회대통합의 정신으로 사회 분열을 극복하기 위해서 수상자 여러분이 힘이 되어 주시길 바랍니다."라고 당부했다.

▲ '2023 우수 국회의원, 지자체 大賞 및 글로벌 신한국인 大賞 및 소비자 브랜드 大賞' 대한노인회 단체 기념 촬영 모습. ©

수상자

△국회의정부문 대상: <u>국회의원 김석기, 국회의원 신동근, 국회의원 노용호, 국회의원 박성민,</u> <u>국회의원 김태호, 국회의원 김영호, 국회의원 김도읍, 국회의원 고영인, 국회의원 윤영석, 국</u> <u>회의원 이종배,</u>

△지자체단체장부문 대상: 충청남도지사 김태흠, 서울시 성북구청장 이승로, 보령시장 김동일, 밀양시장 박일호 ③

△지자체의정부문 대상: 서울시의회 의장 김현기, 서울시의회 의원 서상열, 서울시의회 의원 서준오, 서울시의회 의원 김인제, 서울시의회 의원 고광민, 서울시 은평구의원, 춘천시의회 의원 정경옥, 경기도의회 의원 양우식, 전남도의회 의원 전서현, 서울시 은평구의원 신봉규

△정당인 의정부문 대상: 국민의힘 서울시 당위원장 김선동, 민주당 전략위원회 부위원장 남해중

△노인복지 & 사회공헌 부문: 서울특별시 의정회 수석 부회장 홍광식, (사) 대한노인회 부회장 최창환, (사)대한노인회 대구연합회장 이창기, (사)대한노인회 인천연합회장 박용렬, (사)대한노인회 전북연합회장 김두봉, (사)대한노인회 충남연합회장 전대규, (사)대한노인회 성남시 분당지회장 김용명, (사)대한노인회 평택지회장 이익재, (사)대한노인회 광주 남구지회장 나각균, (사)대한노인회 순천지회장 김영수, (사)대한노인회 천안지회장 유홍준, (사)대한노인회 동래구지회장 곽용근, (사)대한노인회 태안군지회장 이용희, (사)대한노인회 군산시지회장 이래범, 태안군 안면읍 승언3리 노인회장 이창우

△신동근 국회 보건복지 위원장 상: ㈜효벤트 대표 장석영, 소이바텔레콤 회장 김상용, 별미집 대표 송수홍, 한국농촌문제연구소 회장 김태근, 세안건설(주) 대표 석종수, 세종병원 장례식장 대표 이보은

△김석기 국회의원 상: 해피카메니아 임명택 대표이사, SBS 윤동관, 눈꽃정원이야기 대표 조미선

△문화예술인부문 대상: 방송인 이상용, 배우 이정용, 아나운서 이효진

△글로벌 혁신기업 부문: ㈜스테비아팜스 송정훈 대표, 부경에프이엠(주) 김광윤 회장, ㈜크린에이스 윤대성 CTO, HB바이오랜드(주) 곽병철 대표, 세안건설(주) 석종수 대표, 청소영농조합법인 이양표 대표, ㈜비코 전순복 대표, ㈜미술사 이준석 대표, 오케이두리인력공사 김한성 대표, ㈜효벤트 대표 장석영, 소이바텔레콤 회장 김상용, ㈜해피카메니아 대표 임명택, SBS방송국 윤동관, 눈꽃정원이야기 대표 조미선, 별미집 대표 송수홍, 한국농촌문제연구소 회장 김태근, 꽃이피네 대표 박수연, (주)인방 대표 박순이, 천보홍익그룹 총재 신유정, 한국고전학습연구원 원장 김봉한, 충주옥하우징 대표 박은호, (사)반부패국민운동지도자총연합회 기획위원장 박자형, 뉴트로월드(주) 회장 조학연, (주)넷온 대표 명홍철, (주)더캠핑컴퍼니 대표 박동기

(4) 이코노미뷰 인터뷰 기사: 2022년 9월호

1쪽 기사

이꼬노미뷰 ①
2022. 9月호

철저한 계획과 컨설팅으로
성공 집회를 견인한다

집회시위의 보장 여부는 민주주의의 기본이다. 소송이나 고소가 법적 행위이듯이 집회도 마찬가지다. 우리나라에서도 집회시위의 자유를 헌법으로 보장하고 있다. 그런데 다수는 집회에 무지하여 극단적 노조 투쟁이나 촛불시위가 전부로 착각하며, 막상 집회 신고를 해도 실제 진행률은 5% 이내인 게 현실이다. 집회시위 전문 컨설팅이 필요한 이유다. 오케이두리인력공사 김한성 대표는 국내 제1호 집회·시위 컨설팅 전문가로 약 400여 차례 집회·시위 컨설팅을 성공적으로 제공하며 약자들의 목소리를 대변했다. 본지에서는 헌법으로 보장된 '집회'라는 권리로 약자들의 권익을 보호하고 증진 중인 오케이두리인력공사 김한성 대표를 인터뷰했다.

서울시 서초구에 있는 오케이두리인력공사는 지난 2009년에 건설인력 등 소개업체로 출발했다. 고용노동부 선정 고용서비스 우수인증기업으로 뽑힐 만큼 오케이두리인력공사는 양질의 건설인력 중개로 업계에서 빠르게 인정을 받았다. 이후 김

한성 대표는 우연히 과천청사 집회시위를 경험한 후 초창기 인력업에 집회컨설팅 및 용역업을 함께하며 고통스러운 이들의 등대 역할을 자처하고 있다. 그는 그간 노임체불 등 각종 시위 350여 회에 달하는 풍부한 현장경험을 바탕으로 많은 이들의 억울함을 해소하고 있으며, 쌍용자동차 9년, 부동산 9년, 베트남 사업 2년, 인력업 13년 경력을 통해 국내 제1호 집회·시위 컨설팅 전문가로서 소양을 쌓았다. 그 결과 김한성 대표는 소비자만족도 1위 기업/브랜드 선정, 혁신 한국인 & 파워코리아 대상, 대한민국 미래경영대상 집회컨설팅부문 대상 수상의 영예를 안았으며, 『하루일자리미학』, 『긍정에너지』, 『억울하면 집회시위로 해결하라!』 등 저서를 펴냈다. 또한, 그는 건설일용근로자일드림협회, 한국고용서비스협회 창립 멤버이자 전국파출소개연합회 대변인 등을 맡으며 열악한 업계 권익향상을 위해 최선을 다했다. 현재 김한성 대표는 건설일용근로자일드림협회 홍보이사, 전국파출소개연합회 수석부회장, 한국고용서비스협회 부회장, 한국집회문화연구소 소장 등 직책을 수행하며 여러 방면에서 활발한 활동을 하고 있다.

-78-

2쪽 기사

3쪽 기사

집회시위는 법적인 절차 이상으로 빠르고 효과적인 해결책

대한민국의 연간 집회시위 사전신고 건수는 10만여 건에 이른다. 하지만 이 중 실제로 실행되는 집회시위는 4~5%에 불과하다. 법만으로는 해결하기 어려운 억울한 상황에 처해 집회시위에 호소하고자 하는 사람 중 대다수가 집회시위를 통해 합법적으로 자신의 메시지를 전달하는 방법을 몰라 미리 포기하거나 원하는 결과를 얻지 못한 채 흐지부지되곤 한다. 김한성 대표는 노임 체불, 공사비 미지급, 노사 및 비리 문제, 채권 채무, 공공정책에 관한 이의제기, 배신행위 등은 민주주의 사회에서 법적으로 보장하는 집회시위를 활용하는 게 억울한 상황에 직면한 사람들에게 법적인 절차 이상으로 빠르고 효과적인

해결책이 될 수 있다고 강조했다.

"집회시위의 가장 큰 강점은 신속한 결과에 있다고 해도 과언이 아닙니다. 사전분석을 잘한다는 전제하에 성공확률이 무려 80%를 상회합니다. 세상에 이런 방법은 없습니다. 기존 방식은 정상을 향해서 한 발자국씩 걷는 거였다면, 집회시위는 마치 승강기를 이용해 한꺼번에 올라가는 것과 같습니다. 국내 1호 집회 전문 컨설팅사인 오케이두리인력공사는 철저한 계획과 컨설팅이 수반돼야 성공적인 집회시위가 될 수 있다는 것을 누구보다 잘 알고 있습니다. 이를 바탕으로 저희는 힘들고 억울한 분들의 일자리와 체불 해결에 앞장설 것이며, 사회적 약자의 정당한 권리행사를 위해 최선을 다하겠습니다."

4쪽 기사

집회시위 행사는 특별한 사람이 아니라 아무나 할 수 있는 권리다. 그런데 정작 많은 이들은 그런 방법이 있는 줄도 모른다. 집회시위를 모르면 고발하고 민사소송에 대부분 시간을 할애하지만, 결국 시간과 돈만 낭비하고 허탈함만 남는 경우가 많다. 이에 반해 집회시위는 돈도 별로 들지 않는 것은 물론 비교적 단기간에 결론이 난다. 군이 가까운 지름길을 두고 멀리 돌아갈 필요가 없다는 것이다. 이에 오케이두리인력공사 김한성 대표는 국민의 눈높이, 집회 주최자의 입장에서 집회컨설팅을 진행하고 있으며, 집회신고지원→현수막, 피켓, 어깨띠, 엠프 등 용품준비→인력동원→집회사회, 구호→경찰과 협상 참여→마무리 등으로 이어지는 토털 서비스로 대부분 집회시위를 성공적으로 마친 바 있다. 특히 그는 임금 체불로 고통받는 노동자, 건축 비리로 금전적 피해를 입은 사람들, 대기업이나 거대 종교단체의 부도덕한 행동으로 피해를 본 사람들 등을 대신해 효과적인 집회시위를 계획하고 주도하며 괄목할 만한 성과를 거뒀다.

인력사무소협회 권익을 위해서도 앞장

"최근 몇몇 인력사무소 업체가 인력사무소를 잘못 운영하여 언론 보도된 적이 있습니다. 그런데 문제는 일부 인력사무소의 잘못이지만, 이를 전체적으로 확대해석하여 보도했다는 점입니다. 이는 성급한 일반화의 오류를 범하고 있는 것입니다. 이러한 언론 보도로 인해 저희와 같은 대다수 인력사무소는 막대한 피해를 보고 있는 실정입니다. 이에 저는 인력사무소협회 차원의 언론대책위원장을 맡아 해당 언론 보도의 오류를 바로잡고 있으며, 반론 보도 역시 준비하고 있습니다. 이처럼 저는 인력사무소협회의 권익을 위해서도 앞장서는 한편 인력사무소협회의 정상화를 위해 최선을 다하겠습니다."

집회시위를 통해서 얻을 수 있는 것은 많다. 합법 내에서 1인 시위, 2인 이상 집회를 효과적으로 활용하면 형사 고소 고발 및 민사소송을 통한 장기간 고비용 문제를 해결할 수 있다. 앞으로도 국내 제1호 집회·시위 컨설팅 전문가인 김한성 대표가 억울한 일과 고통 속에 있는 수많은 이들에게 큰 나침반이 되어주기를 기대해본다.

(5) 이코노미뷰: 미래경영대상 언론기사

이코노믹리뷰

HOME > 종합

이코노미뷰(6月호)
2021. 7. 1.

오케이두리인력공사, 대한민국 미래경영대상 '집회문화컨설팅' 부문 대상 수상

ㅅ 김진희 기자 | ⊕ 승인 2021.07.01 10:53

사진=오케이두리인력공사 김한성 대표

2쪽 기사

[이코노믹리뷰=김진희 기자] 오케이두리인력공사(대표 김한성)가 헤럴드경제, 코리아헤럴드가 주최하고 월간 파워코리아가 주관한 '2021 대한민국 미래경영대상' 에서 '집회문화컨설팅 부문 대상' 을 수상했다.

오케이두리인력공사는 국내 최초의 집회시위 컨설팅 전문기업으로 집회를 하고 싶지만 어떻게 시작해야 하는지 모르는 사람들을 위해 운영되고 있다. 김한성 대표는 일드림협회, 한국고용서비스협회 창립 멤버로, 파출소개연합회 대변인 등을 맡고 있으며, 최근에는 '억울하면 집회시위로 해결하라!' 는 국내 1호 집회 지침서를 출간하기도 했다.

김한성 대표는 "억울한 일을 겪은 사람들을 돕는 일로 상을 받게 돼 더욱 기쁘다" 라며 "앞으로도 전문적 식견을 바탕으로 집회시위를 철저히 계획하고 주도해 법적인 절차 이상으로 빠르고 효과적인 해결책을 제시할 것이다" 라고 수상소감을 전했다.

김진희 기자 jinjin2@econovill.com

MONTHLY FOCUS 커버스토리 오케이두리인력공사 김한성 대표

집회시위 전문컨설팅으로 약자의 억울함을 해결한다

사회가 복잡해지면서 다양한 갈등이 나타나고 있다. 서로 이해관계가 다르다 보니 필연적으로 충돌하는 일도 잦고 억울한 피해자와 '갑질'하는 가해자가 생긴다. 이러한 세태 속에서 힘없고 나약한 서민들은 자칫 부당한 대우를 받게 되고도 이를 해결하지 못하여 발만 동동 구르는 상황에 직면한다. 오케이두리인력공사(대표 김한성)가 주목받는 이유다. 국내 제1호 '집회컨설팅 전문가'인 김한성 대표는 노임 체불, 공사비 미지급, 노사 및 비리 문제, 채권 채무, 공공정책에 관한 이의제기, 배신행위 등에 있어서 민주주의 사회에서 법적으로 보장하는 '집회시위'를 활용하는 것이 억울한 상황에 놓인 이들에게 법적인 절차 이상으로 빠르고 효과적인 해결책이 될 수 있다고 강조하는 인물이다. 단순 시위뿐만 아니라 근본적인 집회시위문화를 연구 및 개선하여 약자와 억울한 이들에게 삶의 희망을 전하고 있는 오케이두리인력공사 김한성 대표를 인터뷰했다.

오케이두리인력공사는 지난 2009년 건설인력 등 소개업체로 출발했다. 이곳은 일용근로자의 애로사항을 현장상담 및 집회시위 등으로 신속히 해결해 2013년 고용노동부 선정 고용서비스 우수인증기업에 뽑히며 경쟁력을 공인받았다. 여기서 더나아가 오케이두리인력공사는 많은 이들의 요청으로 국내 1호 집회컨설팅 용역업을 진행하고 있다. 즉, 인력사업에 집회시위 컨설팅 및 용역제공업을 더불어 제공하며 고객 만족을 극대화하는 한편 기존 사업과 매우 큰 시너지 효과를 창출하고 있다. 김한성 대표는 우리나라에서 손꼽히는 인력업계 리더로서 일드림협회, 한국고용서비스협회 창립 멤버이다. 또한, 파출소개연합회 대변인 등을 맡으며 열악한 업계 권익향상에 적극 노력했다. 그는 그간 각종 집회 및 시위 320여회 경험을 토대로 최근 『억울하면 집회시위로 해결하라!』는 국내 1호 지침서를 출간하여 큰 화제를 모으고 있으며, 이외에도 『하루일자리미학』, 『긍정에너지』 등을 펴내며 자신의 성공적인 경험담을 많은 이들과 나누고 있다.

대한민국 제1호 집회시위 컨설팅 전문가

집회는 헌법에 보장된 표현의 자유다. 누구나 적법하게 진행하면 큰 권리를 누릴 수 있지만 다수는 형사상 고소 고발 민사소송에만 매달리는 게 현실이다. 실제로 연간 100만 회 이상 집회신고가 이뤄지지만, 막상 실행률은 5% 미만이다. 착잡한 수치다. 많은 이들이 집회를 하고 싶어하지만, 정작 어디서부

2쪽 기사

June 2021 **ECONOMYVIEW 127**

③

터 어떻게 시작해야 할지 감을 잡지 못해 지레 포기하는 경우가 부지기수다. 김한성 대표가 이러한 안타까운 상황을 타개하고자 대한민국 제1호 집회시위 컨설팅 전문가로 나선 이유다. "저는 지금까지 인력소개업을 12년 이어왔습니다. 그간 소속된 다수 인력업소들은 노임을 수천만 원에서 많게는 억대까지 못 받아 도산했습니다. 이분들을 돕기 위해 집회를 시작하였습니다. 그 후 건설현장, 구원파교회, 통신다단계업체, 지인소개 및 인터넷 의뢰 등으로 관심분야를 넓혀갔습니다. 이러한 험난한 과정을 통해 깨달은 게 있습니다. 노임 체불, 공사비 미지급, 노사 및 비리문제, 채권채무, 공공정책 이의제기, 배신행위 등에 법적으로만 접근하면 많은 시간과 비용이 든다는 점입니다. 반면에 1인 시위나 집회로 문제를 제기하면 이보다

훨씬 빠르게 결론이 납니다. 굳이 '집회시위'라는 가까운 지름길을 놔두고, 멀리 돌아갈 필요는 없습니다. 제가 국민의 눈높이, 집회 주최자의 입장에서 성공적으로 집회를 마무리할 수 있도록 도움을 드리겠습니다."
집회시위의 가장 큰 편익은 신속한 결과에 있다. 그는 기존의 방식이 정상을 향해서 한발자국씩 걷는 것이라면, 집회는 승강기를 이용해 한꺼번에 올라가는 것이라고 강조했다. 하지만 많은 이들은 그런 방법이 있는 줄도 모른다. 집회시위를 모르면 기껏 고발하고 민사소송에 시간을 다 보낸다. 결국 시간과 돈 낭비는 물론 허탈함만 남는다. 반면에 집회는 돈도 별로 들지 않을 뿐만 아니라 비교적 단기간에 결론이 난다. 이에 김한성 대표는 집회시위 전문컨설팅을 통해 수많은 약자의 억울함

-87-

④

을 풀어주고 있다. 이를 위해 그는 사안별 상담 후 집회를 대행한다. 이때 당사자와 면담 또는 현장 방문을 통해 실상을 정확히 파악하는 것은 필수다. 이후 집회신고지원→현수막, 피켓, 어깨띠, 엠프 등 용품준비→인력동원→집회사회, 구호→경찰과 협상참여→마무리 등 일체과정을 의뢰인의 입장에서 진행한다. 이러한 토탈 서비스로 그는 인력업소 노임체불부터 각종 채권채무, 건설사, 개별민원 집회 등을 80% 이상 해결하며 명성을 쌓고 있다. 앞으로도 김한성 대표는 전문적 식견을 바탕으로 집회시위를 철저히 계획하고 주도하겠다고 포부를 밝혔으며, 법적인 절차 이상으로 빠르고 효과적인 해결책을 제시하겠다고 부언했다.

바람직한 시위문화를 연구하겠다

그의 신간 『억울하면 집회시위로 해결하라!』는 억울한 상황을 해소하기 위해 집회시위를 생각 중인 사람들을 위한 집시학 총론서이자 국내 최초 집회시위 지침서다. 이 책은 집회시위에 꼭 필요한 관련 법 규정, 기초상식, 계획부터 실행까지의 과정, 효과적으로 자신의 메시지를 불특정 다수에게 전하는 방법 등을 소상하게 전달하고 있다. 이와 함께 김한성 대표는 집회시위에 관한 자신의 경험을 통틀어 꼼꼼히 책 전체에 기술함으로써 집회시위에 대해 가질 수 있는 모든 궁금증을 말끔히 해결하고 있다. "저는 한국집회문화연구소의 소장이기도 합니다. 한국집회문화연구소는 국내 집회시위 문화를 바꾸고, 억울한 일을 당한 분들에게 희망을 주려 합니다. 집회 및 시위는 헌법에 보장된 권리인데, 잘못된 시위문화로 인해서 부정적 인식이 강한 게 사실입니다. 저는 향후 바람직한 시위문화를 연구하고, 어떻게 하면 성공적으로 집회를 마무리할 수 있을지 방향성을 제시할 것입니다. 그리하여 우리나라의 올바른 집회시위문화를 만들어갈 것을 약속드립니다." 언론매체에 나오는 집회시위하는 모습은 결코 남의 이야기가 아니다. 김한성 대표의 집회시위 컨설팅으로 현재 부당한 처지에 놓인 많은 사람들이 신속하고 원만하게 문제를 해결해가기를 기대해본다.

(7) 월간 인물: 인터뷰 기사 (2021년 7월호)
- 표지 -

1쪽 기사

①

한국집회문화연구소 **김한성 소장**

권익 보호를 위한 강력한 수단 집회·시위, 올바른 방법과 문화로 자리잡길

헌법 21조 1항에는 '모든 국민은 언론·출판의 자유와 집회·결사의 자유를 가진다'라고 명시되어 있다. 그러나 집회에 대한 오해와 선입견 등으로 인해 집회의 자유를 포기하는 이들이 많다. 대한민국의 연간 집회시위 사전신고 건수 10만여 건 중 실제로 실행되는 집행시위는 5%를 밑돈다. 국내 1호 집회컨설팅업체인 한국집회문화연구소를 이끄는 김한성 소장은 집회시위는 자신들의 메시지를 전달하기 위한 합법적이며 효과적인 수단임을 강조한다.

박성래 기자 psr@monthlypeople.com 남윤실 기자 nys@monthlypeople.com 김윤혜 기자 kyh@monthlypeople.com

국민의 권리 집회·시위의 자유와 관련한 오해 풀어야

"집회와 시위는 헌법에 보장된 권리이지만 잘못된 시위문화로 인해 부정적으로 생각하는 분들이 많습니다. 이는 대부분의 집회가 계획에 그치는 이유죠. 집회는 사회적 약자나 억울한 일을 당한 이들이 자신의 의견을 피력할 수 있는 가장 빠른 방법입니다. 성공적인 집회 방법을 제시하며 국내 집회시위 문화를 바꾸는데 기여하고자 한국집회문화연구소를 설립하게 되었습니다."

대한민국의 집회시위는 시대의 흐름을 바꾸는 변곡점이었다. 4.19혁명과 5.18 민주화운동, 1987 민주항쟁, 2016 촛불시위 등 역사적으로 중요한 순간마다 국민들은 자신의 목소리를 전하고자 집회시위를 택했다. 촛불시위는 평화적 시위로 세계의 이목을 집중시키기도 했다. 그러나 잘못된 시위문화로 인해 시위를 부정적으로 바라보는 이들이 많다. 과도한 규제와 각종 시위에서의 불법적 요인들이 대중의 머릿속에 각인된 까닭이다. 이러한 실정에도 바람직한 집회 개최 방법을 알려주는 단체나 조직은 전무하다. 김한성 소장은 한국집회문화연구소를 통해 근본적인 집회시위 문화를 바꾸는 동시에 억울한 일을 당한 이들에게 희망을 주고자 한다고 말했다. 우연히 2012년 과천청사 집회시위를 경험한 그는 시위의 효과와 필요성을 절감하고 현재까지 320여회의 다양한 집회를 주관하며 많은 이들의 목소리를 대변해왔다. 인력업소 노임체불부터 각종 채권채무, 건설사, 개별민원집회 등 의뢰 받은 집회 건에 대해 80% 이상 합의를 이끌어냈다. 경찰서에 집회신고를 한 후 진행 시 대부분 1주일에서 1개월이라는 빠른 기간 내에 문제가 해결된다는 설명이다.

"큰 용기를 내서 집회 신고를 했지만 막상 어떻게 진행해야 원하는 바를 이룰 수 있는지 모르는 무지로 인해 포기하는 분들이 많습니다. 집회라는 효과적인 방법을 두고 형사상 고소 고발이나 민사 소송에만 매달려 시간과 비용을 소모하기도 하죠. 모두 올바른 집회시위 방법을 모르기에 생기는 일들입니다."

김 소장은 최근 그간의 경험을 담은 국내 1호 집회시위 지침서 <억울하면 집회 시위로 해결하라!>를 출간했다. 책에는 집회시위에 관한 관련 법 규정과 기초상식, 계획부터 실행까지의 과정과 더불어 100건의 실제 집회사례와 사진, 결과가 담겼다. 옥외집회 신고서 작성 요령이나 시위관련난제 돌파사례 등을 수록해 누구나 스스로 집회를 진행할 수 있도록 하는 가이드북을 만들었다는 설명이다. 그는 국내에 집시법에 관한 해설서는 있어도 마땅한 지침서는 없었다며, 초보자라도 자신과 유사한 사례를 찾아본 후 손쉽게 집회시위를 개최했으면 하는 바람

-90-

에 3년에 걸쳐 집필했다고 전했다. 스스로 1인 시위를 하거나 구원파, 다단계 업체 등 거대세력과의 싸움을 비롯한 수백 건의 집회 시위를 주도하는 동안 쌓은 효율적이며 성공적인 집회방법에 관한 노하우와 양측의 입장에 대한 객관적 시각을 담아냈기에 책에 대한 자부심도 컸다. 김 소장은 여러 사건을 경험할수록 집회의 중요성을 더욱 절실히 깨달을 수 있었다며, 바람직한 집회시위 문화가 조성되어 더 많은 이들이 집회시위를 자신의 권익을 보호하는 방법으로 인식했으면 한다고 전했다.

나는 의뢰인의 분신…원만한 협상 이끌어내는데 집중해
2009년 설립한 오케이두리인력공사는 건설인력부문과 집회컨설팅을 연계한 전문 업체이다. 김한성 소장은 인력사업을 하던 중 우연히 집회를 접한 후 집회의 효율성과 필요성을 깨달았다며, 이후 알음알음 소개를 받아 집회를 주관하던 것이 이제는 집회 컨설팅 전문업체로 성장했다고 설명했다. 2013년에는 고용노동부 고용서비스 우수인증기업에 선정되기도 했다. 의뢰가 들어오면 사안별 상담 후 집회를 대행한다. 당사자 면담 또는 현장방문을 통해 실상을 파악하고, 집회 신고를 지원한다. 이어 현수막, 피켓, 어깨띠, 엠프 등 필요한 용품을 준비하고, 인력동원 및 집회사회와 구호를 외친다. 김 소장은 유인물을 만드는 것이 중요하다며, 시위의 이유와 목적을 유인물 한 장에 담아 배포하는 것이 강력한 협상의 무기가 된다고 설명했다. 협상자리가 마련되어 경찰 정보관과 양측이 참석한 가운데 협상이 이뤄지면 집회가 마무리된다.

"매번 집회를 주관하며 저는 스스로를 의뢰인의 분신이라 생각합니다. 집회를 의뢰한 이유에 집중하며 의뢰인이 원하는 바를 성취하고자 노력하죠. 가장 중요한 것은 법적 테두리 안에서 의뢰인의 주장을 효과적으로 전달하는 것입니다. 이를 위해 철저한 사전준비를 거치죠."
80%라는 성공률은 이러한 몰입과 철저한 준비에서 기인한 것이다. 의뢰인의 문제에 빠져들어 몰두하는 덕에 잠을 자면서도 아이디어를 떠올리기도 한다. 김 소장은 가장 중요한 것은 협상이라며, 의뢰인의 주장을 효과적으로 전달하고자 여러 방법을 적극적으로 활용하고 있다고 말했다. 협상이 편파적으로 진행된다면 정보관 교체 요구서를 경찰서장에게 제출하거나 수사 축소 및 왜곡 시 해당경찰서에 면담을 신청하는 등 강력항의하고, 협상이 원만하게 진행되면 모범정보관에 대한 감사편지를

전하는 등 다양한 방법을 강구하고 있었다.
김 소장은 집회는 분쟁이 아닌 분쟁을 해결하는 방법임을 강조했다. 집회가 아니라면 소송을 통해 오랜 기간 공방을 이어가야 한다. 한 의뢰인의 경우 20년 간 해결하지 못하던 문제를 집회를 통해 3개월 만에 해결하기도 했다. 그는 집회는 협상을 끌어내는 도구이자 수단이라며, 집회가 끝난 후 의뢰인으로부터 감사인사를 받거나 다른 이들을 소개해줄 때면 보람을 느낀다고 말했다.

인력업계 권익향상 위한 대변인 자처
국내에 바람직한 집회시위 문화를 조성하는 것과 더불어 김한성 소장은 열악한 인력업계를 대표해 목소리를 내겠다는 목표를 세우고 있었다. 그간 (사)건설일용근로자 일드림협회 홍보이사, 한국고용서비스협회 부회장, 전국파출소개연합회 수석부회장 및 대변인을 역임하는 등 업계의 권익향상에 앞장서왔다. 그는 전국에 1만 3천여 개의 직업소개소가 있다며, 앞으로 업계 전체를 대변해 이들의 권익을 보호하고자 한다고 설명했다. 이어 업계 발전을 위해서는 고용노동부 위탁교육, 구직관련 소개수수료의 정부 지원 등 다양한 지원방안 마련이 필요하며, 이를 위해서는 업계가 머리를 맞대 해결책을 고민해야 한다고 덧붙였다.
김 소장은 쌍용자동차 영업교육팀장으로 10년 간 근무한 후 부동산 사업을 10년 간 이끌었다. 이후 베트남 공장 건축에 도전했으나 실패를 맛보고 국내로 돌아왔다. 그는 무일푼으로 돌아와 일자리를 구하던 중 인력사업을 알게 되었다고 말했다. 주머니에 돈이 없어 2시간 거리를 걸어 다니며 일했다. 그러던 중 가맹사업에 대해 알게 된 김 소장은 현재의 오케이두리인력공사 창업에 도전했다. 현재는 17개의 가맹점을 운영 중이다. 힘든 시기를 겪었기에 주변의 어려운 이들에 눈길이 간다고 말하는 그는 실제로 오케이두리인력공사를 찾는 일용근로자들을 위한 배려를 몸소 실천하고 있었다. 근로자의 노임은 매일 선납되며, 일거리를 전날 문자로 보내 근로자들은 별도의 대기시간이나 이동시간을 들이지 않고 바로 현장으로 출근한다. 인력업체에 나오면 장갑, 각반, 컵라면, 생수, 마스크 등을 무상 제공하고, 현장까지의 거리가 멀 경우 교통비를 지원한다.
"근로자들의 노고가 있었기에 사업체가 성장할 수 있었던 만큼 사업을 통해 얻은 수익의 20%는 사회에 환원하고자 합니다. 근로자들을 먼저 생각하고, 마음을 비우

<u>3쪽 기사</u>

④

고 운영을 한 것이 더 큰 신뢰로 이어졌지요. 앞으로도 이러한 마음을 잊지 않고자 합니다."

또한 오랫동안 신뢰를 쌓은 근로자의 경우 업체를 스스로 관리하도록 담당 반장으로 배치해 직업 안정성과 숙련도를 높인다. 회사 차원에서 장학금을 마련해 3명의 근로자들을 지원하기도 했다. 노임체불 사건이 발생하면 회사 차원에서 임금의 50%를 먼저 지불하고, 현장상담 및 집회시위를 통해 문제를 조속히 해결한다. 이러한 진심은 소비자들에게도 닿아 최근 스포츠조선 소비자 만족도 1위 기업에 선정되기도 했다. 김 소장은 향후 오케이두리인력공사를 주식회사 형태로 만들어 지분을 근로자들과 공유하고자 한다며, 함께 성장하는 기업을 만들 것이라 말했다.

"바람직한 집회·시위문화 조성에 앞장서겠습니다"

"삶의 목표는 나이와 무관합니다. 평생 두고 할 일이 있는가, 그리고 틈틈이 그것을 생각하고 노력하는가의 문제죠. 제 삶의 목표는 세 가지입니다. 사업적으로는 열악한 인력업계와 집회시위 문화를 향상시키는 것이고, 가정적으로는 좀 더 행복하며, 개인적으로는 건강하게 살아가는 것입니다."

김한성 소장은 그간 외식업중앙회의 불법적인 무료소개 사업 저지를 위한 민·형사상 투쟁을 경험해온 것을 바탕으로 업계 근로자들의 권익향상을 위해 앞장설 것이라 다짐했다. 또한 집회 지침서인 <억울하면 집회 시위로 해결하라!>를 시작으로 바람직한 집회·시위문화 연구에 매진할 계획이다. 이러한 연구와 활동들이 성공적인 집회 마무리에 관한 방향 제시로 이어질 것이라 내다보는 그다. 김 소장은 사회적 약자나 억울한 일을 당한 이들이 불

만이나 이의제기를 함에 있어 폭력을 배제한 가장 빠른 수단은 시위임을 재차 강조했다. 실제로 시위를 통해 노임 체불, 공사비 미지급, 채권채무, 노사 및 비리문제, 공공정책 이의제기 등 다양한 현안에 대한 답을 얻어왔다. 그는 자신의 활동이 곤경에 처한 이들에게 또 하나의 돌파구이자 소망이 되었으면 한다는 바람을 전했다.

김 소장은 언제나 사람들의 이야기에 귀를 기울이고 있었다. 오케이두리인력공사와 함께하는 동료들과 집회시위를 의뢰해오는 이웃들의 목소리는 그가 앞으로 나아가게 하는 힘이다. 한국집회문화연구소는 앞으로도 다양한 현안과 관련한 집회시위를 주관하고, 그 사례를 정리하고 분석해 공유하며 한국의 집회시위문화 발전을 선도할 것이다. 그는 시위 및 집회를 통해서 문제를 해결할 수 있음을 거듭 강조했다. 집회시위문화 발전을 위한 김 소장의 노력들은 억울하고 답답한 상황에 처한 이들에게 훌륭한 해답이 될 것이다. ♥

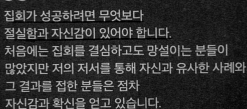

집회가 성공하려면 무엇보다
절실함과 자신감이 있어야 합니다.
처음에는 집회를 결심하고도 망설이는 분들이
많았지만 저의 저서를 통해 자신과 유사한 사례와
그 결과를 접한 분들은 점차
자신감과 확신을 얻고 있습니다.

(8) 불교공뉴스: 신간 책 소개

1쪽 기사

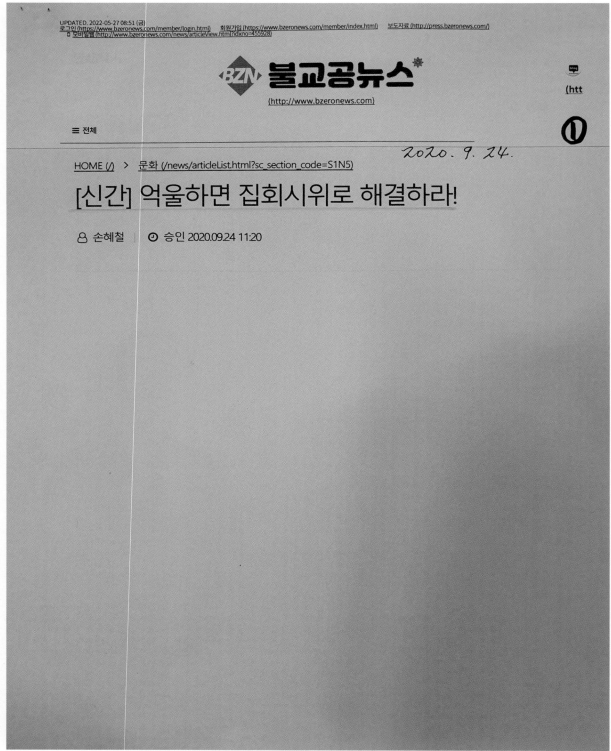

집회컨설팅 전문가의 **국내 1호** 지침서!!

억울하면
집회 시위로
해결하라!

집시학 총론

김한성 지음

효과적 집회시위를 이해하고 좀 더 빠르게, 확실히 당신의 억울함을 해소
하라!

3쪽 기사

③

현대 사회는 수많은 이해관계를 가진 사람들이 다양한 집단을 이루어 영향을 주고받으면서 살아가고 있다. 이렇게 다양한 사람들의 활동을 규정하기 위해 법과 질서가 존재하지만 방대하고 복잡한 법이 가지고 있는 허점, 여기에 더해 사회적 지위와 재산을 가진 이들의 '갑질'로 인해 억울하게 피해를 입은 사람들은 어디든 항상 존재한다.

대한민국의 법률규정상 억울한 상황에 처한 사람들은 소명, 청원, 형사소송, 민사소송, 헌법재판소 청구 등의 정해진 절차를 통해 공권력의 도움을 받을 수 있게 되어 있다. 하지만 사법구조의 특성상 이 과정에서 원하는 결과를 얻기 위해서는 오랜 시간 동안 적지 않은 노력이 필요하며, 이 때문에 억울한 상황에 처해 있음에도 불구하고 쟁송을 포기하는 경우도 적지 않다.

국내 제1호 '집회컨설팅 전문가' 김한성 저자는 노임 체불, 공사비 미지급, 노사 및 비리문제, 채권채무, 공공정책에 대한 이의제기, 배신행위 등에 있어서 민주주의 사회에서 법적으로 보장하는 '집회시위'를 활용하는 것이 억울한 상황에 처한 사람들에게 법적인 절차 이상으로 빠르고 효과적인 해결책이 될 수 있을 것이라고 이야기한다.

이러한 신념에 기반하여 저자는 임금 체불로 고통 받는 노동자, 건축비리로 금전적 피해를 입은 사람들, 대기업이나 거대 종교단체의 부도덕한 행동으로 피해를 입은 사람들 등을 대신해 효과적인 집회시위를 계획하고 주도했으며, 시행착오도 있었으나 꾸준한 노력 끝에 괄목할 만환 성과 역시 거두고 있다.

이러한 자신의 경험을 통해 만들어진 이 책『억울하면 집회시위로 해결하라!』는 억울한 상황을 해소하기 위해 집회시위를 생각하고 있는 사람들을 위한 집시학 총론서이자 국내 최초의 집회시위 지침서이기도 하다.

대한민국의 연간 집회시위 사전신고 건수는 10만여 건에 이른다고 한다. 하지만 이 중 실세로 실행되는 집회시위는 4~5%에 불과하다. 법만으로는 해결하기 어려운 억울한 상황에 처해 집회시위에 호소하고자 하는 사람들 중 대다수가 집회시위를 통해 합법적으로, 효과적으로 자신들의 메시지를 전달하는 법을 몰라 미리 포기하거나, 실행한다고 해도 원하는 결과를 얻지 못한 채 흐지부지되어 중도 포기하곤 한다.

4쪽 기사

이 책은 그러한 사람들에게 집회시위에 꼭 필요한 관련 법 규정, 기초상식, 계획부터 실행까지의 과정, 효과적으로 자신의 메시지를 불특정 다수에게 전달하는 방법 등을 상세하게 전달하고 있으며, 대한민국 제1호 집회시위 컨설팅 전문가로 활동하고 있는 저자 본인의 상세한 성공 경험을 예로 들며 집회시위에도 철저한 계획과 '컨설팅'이 필요하다는 점을 강조하고 있다.

저자 김한성

김한성 대표는

국내 1호 집회컨설팅 사업을 한다.

우연히 첫 과천청사

집회시위 경험 후 300회 이상

직접 주관하였다.

저자는 73년 충청도에서

서울 청담동으로 전학을 왔다.

초기 신문배달로 자립심을 키우며

5쪽 기사

성동공고, 중앙대학교,

중앙대 경영전문대학원 및

학사장교 대위 예편하였다.

쌍용자동차 9년, 부동산 9년,

베트남사업 2년, 인력업11년을 하며

집회시위컨설팅 전문가 소양을 쌓았다.

(사)일드림협회 홍보이사

(사)한국고용서비스협회 부회장

전국파출소개연합회 수석부회장

노동부 고용서비스우수인증기관

한국집회문화연구소 소장

오케이두리인력공사 대표

오케이집회컨설팅사 대표

저서: 하루 일자리 미학,

긍정에너지 외 3권

네이버: 검색어

오케이두리인력공사, 홈피

(1577-3501, 010-7459-6866)

 손혜철 기자

(9) 교회와 신앙: 기독교 신문, 인터뷰
1쪽 기사

교회와신앙 amennews.com

🖶 인쇄하기 ⊠ 창달기

⊞ 홈 > 뉴스 > 이단&이슈 > 구원파(유병언 권신찬 박옥수 이요한)

"억울한 일, 집회 시위로 해결할 수 있습니다"

김한성 집사 신간 <억울하면 집회 시위로 해결하라>

2020년 10월 12일 (월) 15:07:01

2020. 10. 12

장운철 기자 ⊠ kofkings@hanmail.net

(장운철 기자)

【<교회와신앙> 장운철 기자】 "돈 문제나 이단 사이비 문제 등으로 혹시 억울한 일을 당했습니까? 그럴 때 사람들은 흔히 민형사 등 법적으로 해결하려 합니다. 그것보다 쉽게 해결할 수 있는 방법이 있습니다. **바로 집회 시위입니다.** 재정 문제 등 일반 문제뿐만 아니라 사이비 이단 문제까지도 해당됩니다. 상대방의 사업장이나, 교회 또는 집 앞에서 적법하게 집회 시위를 하면 의외로 문제가 쉽게 해결됩니다. 1인 시위만으로도 억울한 일이 80% 정도 해결될 수 있습니다."

김한성 집사(59, 집회시위 컨설팅 전문가, 구원파 피해자 모임 대표)는 <억울하면 집회 시위로 해결하라>(김한성, 행복에너지, 2020)는 책 출간을 통해, 재정, 종교 문제 등 자신의 억울한 일이 단지 '1인 시위'만으로도 80% 이상 해결이 가능하다고 강조한다.

"1인 시위, 결코 어렵지 않습니다. 한 명이 시위를 하기 때문에 집회 신고를 할 필요도 없습니다. 피켓과 유인물을 만들기만 하면 됩니다. 자신이 전달하고자 하는 내용의 핵심을 담은 피켓을 만듭니다. 그리고 조금 더 자세한 내용을 유인물로 만들어 주변 사람들에게 나누어주면 됩니다. 고래고래 소리를 지를 필요도 없습니다.

2쪽 기사

▲ 김한성 집사

그러면 십중팔구 상대방이 합의를 하자고 연락이 옵니다."

김 집사는 집회 시위 관련 전문가다. 국내 1호 집회 시위 관련 컬설팅 용역회사도 세웠다. 지난 2015년 박옥수 구원파와의 싸움이 계기가 되었다. 박옥수 측 교회 앞에서 피해자들과 함께 '가짜 목사, 종교 사기꾼은 물러가라'는 구호를 외치며 시위를 했다. 박옥수 측으로부터 '집회금지 및 인격권 침해금지 가처분 신청'의 내용으로 소송을 당했다. 1심 재판부는 박옥수 측에 손을 들어주기까지 했다. '내가 왜 이런 일을 할까'라며 포기하려고도 했다. 그러나 김 집사는 이듬해 3월까지 총 32회 집회를 이어갔다. 신앙 때문이었다. 하나님께서 보호해 주시리라 굳게 믿었다. 결국 2심(고등법원), 3심(대법원)에서 모두 승소를 했다. 이후 300여 회의 적접한 집회 시위를 인도하며 억울한 일을 해결해가는 또 하나의 길을 개척해 갔다.

"집회 시위에 대해 부정적인 이미지가 있는 것은 사실입니다. 그러나 집회 시위는 헌법 제21조에 의해 보장해 주고 있는 국민의 권리입니다. 적법한 방법으로 나 자신의 정당한 권리를 사용하여 나의 억울함을 해결하고 피해를 줄이는 것은 너무도 당연한 일입니다."

김 집사는 집회 시위 장점을 크게 2가지로 설명했다. 첫째는 '문제가 빠르게 해결된다'는 것이다. 최근의 한 예를 설명했다. 세신사 직업의 A씨가 목욕탕 주인에게

③

보증금 받지 못하는 상황에 처했다. 계약서를 쓴 것도 아니었다. A씨는 난감했다. 이때 김한성 집사를 통해 '1인 시위'에 대해 전해 듣고 곧바로 실행에 옮겼다. 1인 시위 이틀만에 목욕탕 주인으로부터 연락이 왔다. 보증금의 절반만 받고 타협하자는 것이었다. 흔히 이럴 때 1인 시위자는 타협에 응하고 문제를 마무리 지으려고 한다. 김 집사는 그러한 타협에 부정적이다. A씨는 그 말을 따랐다. 이틀 더 1인 시위를 하니 보증금 100%를 받을 수 있었다.

둘째는 집회 시위를 함으로 '갑과 을의 위치가 바뀌게 된다'는 것이다. 집회 신고를 하면 담당 경찰관이 반드시 나오게 된다. 최근 그 경찰관을 부르는 호칭이 '대화 경찰관'으로 바뀌었다. 그 경찰관을 통해 우리의 요구

집회컨설팅 전문가의 국내 1호 지침서!!

억울하면 집회 시위로 해결하라!

집시학 총론

김한성 지음

▲ 책 <억울하면 집회 시위로 해결하라>

를 상대에게 전달할 수 있고 또 상대의 반응을 전달 받을 수도 있다. 문제 해결의 주도권을 얼마든지 내게로 가져올 수 있게 된다.

"문제는 절실함과 자신감입니다. 집회 또는 1인 시위를 준비하는 이가 정말 절실함이 있느냐 하는 것입니다. 시위를 시작해 놓고 일찍 포기하려는 이도 있습니다. 도와주려는 저보다 오히려 절실함이 적은 경우도 종종 보게 됩니다. 그 다음은 자신감입니다. 앞서 언급한 '대화 경찰관'을 주도적으로 잘 활용할 수 있습니다. 중단에 제시되는 타협에 굴복하지 않고 끝까지 나아가겠다는 자신감이 시위자에게 필요합니다."

김한성 집사는 억울한 일 당한 이들을 돕겠다고 다짐**했다.**
"**구원파 소송에서 이긴 것은** 정말 하나님의 은혜입니다. 이제 그동안 쌓아왔던 집회 시위의 노하우를 나누려고 합니다. 저에게 연락주시면 1인 시위에 대한 방법 등을 무료로 알려드리겠습니다. 물론 필요하면 집회 또는 1인 시위도 유료로 대행해 드릴 수 있지요. 그것을 위해서 집회 시위를 위한 컨설팅 회사도 국내 처음 정식으로 세운 것이구요."

4쪽 기사

김 집사는 '구원파 피해자 모임'의 대표를 맡고 있다. 또한 신천지 피해자 모임과 연대해 집회에 참석하기도 한다. 이단 사이비 문제로 억울한 일이 꽤 많이 발생한다. 이러한 일 역시 집회 시위로 상당 부분 문제가 해결된다. 김 집사는 이단 사이비 문제만큼은 자신의 일처럼 적극적으로 돕고 있다.

"이번 책 발행은 정말 하나님이 은혜입니다. 5번이나 포기하려고 했습니다. 그때마다 '억울한 일 당한 이들에게 작은 소망을 주는 일'이라고 생각하고 원고를 하나씩 정리했습니다. 3년 걸렸지요. 100개의 실제 사례를 들었습니다. 시위 때 사용하지 말아야 할 용어들, 사용하면 좋을 피켓 용어들, 경찰관 활용법, 시위 중 상대방이 고용한 깡패를 만났을 때 등 갖가지 노하우들이 정리되었습니다. 집회 시위 대행업의 정식 회사는 저희밖에 없습니다."

김 집사는 '억울한 일'을 당한 이들을 위해 한 마디로 이렇게 정리했다.
"억울한 일을 당했습니까? 1인 시위나 집회 시위를 하십시오. 한두 번 만으로 50% 문제가 해결됩니다. 3-4번이면 80% 해결됩니다. 어떻게 그러한 시위를 하냐고요? 저에게 전화를 주시면 제가 무료로 적법한 방법을 자세히 알려드리겠습니다. 필요하면 유료로 대행까지도 해드립니다."

김한성 집사는 인터넷 홈페이지를 운영하고 있다(http://15773501.wazzang.com). 이번 책 발행에 대해 자세한 설명을 유튜브 채널(https://www.youtube.com/watch?v=UR7pm3KQKYU)에서도 전하고 있다.

🖨인쇄하기 ⊠창닫기

2021. 7. 2. "헤럴드 경제" 보도

2021. 7. 2. 헤럴드 경제

오케이두리인력공사

국내 1호 집시 컨설팅 전문가···민원 해결사役 '톡톡'

김한성 대표

많은 이가 집회를 하고 싶어 하지만, 정작 어디서부터 어떻게 시작해야 할지 감을 잡지 못해 지레 포기하는 경우가 부지기수다. 오케이두리인력공사 김한성 대표가 이러한 안타까운 상황을 타개하고자 대한민국 제1호 집회시위 컨설팅 전문가로 나선 이유다.

김한성 대표는 우리나라에서 손꼽히는 인력업계 리더로서 일드림협회, 한국고용서비스협회 창립 멤버이다. 또한, 파출소개연합회 대변인 등을 맡으며 열악한 업계 권익향상에 적극 노력했다. 그는 그간 각종 집회 및 시위 320여 회 경험을 토대로 최근 『억울하면 집회시위로 해결하라!』는 국내 1호 지침서를 출간하여 큰 화제를 모으고 있으며, 이외에도 『하루일자리미학』, 『긍정에너지』 등을 펴내며 자신의 성공적인 경험담을 많은 이들과 나누고 있다.

집회시위의 가장 큰 편익은 신속한 결과에 있다. 그는 기존의 방식이 정상을 향해서 한 발자국씩 걷는 것이라면, 집회는 승강기를 이용해 한꺼번에 올라가는 것이라고 강조했다. 하지만 많은 이들은 그런 방법이 있는 줄도 모른다. 집회시위를 모르면 기껏 고발하고 민사 소송에 시간을 다 보낸다. 결국 시간과 돈 낭비는 물론 허탈함만 남는다. 반면에 집회는 돈도 별로 들지 않을 뿐만 아니라 비교적 단기간에 결론이 난다. 이에 김한성 대표는 집회시위 전문컨설팅을 통해 수많은 약자의 억울함을 풀어주고 있다.

이를 위해 그는 사안별 상담 후 집회를 대행한다. 이때 당사자와 면담 또는 현장 방문을 통해 실상을 정확히 파악하는 것은 필수다. 이후 집회 신고지원→현수막, 피켓, 어깨띠, 엠프 등 용품준비→인력 동원→집회 사회, 구호→경찰과 협상참여→마무리 등 일체 과정을 의뢰인의 입장에서 진행한다. 이러한 토탈 서비스로 그는 인력업소 노임체불부터 각종 채권 채무, 건설사, 개별민원 집회 등을 80% 이상 해결하며 명성을 쌓고 있다.

같은 맥락에서 그의 신간 『억울하면 집회시위로 해결하라!』는 억울한 상황을 해소하기 위해 집회시위를 생각 중인 사람들을 위한 집시학 총론서이자 국내 최초 집회시위 지침서다. 이 책은 집회시위에 꼭 필요한 관련 법 규정, 기초상식, 계획부터 실행까지의 과정, 효과적으로 자신의 메시지를 불특정 다수에게 전하는 방법 등을 소상하게 전달하고 있다.

김한성 대표는 "전문적 식견을 바탕으로 집회시위를 철저히 계획하고 주도하여 법적인 절차 이상으로 빠르고 효과적인 해결책을 제시할 것"이라고 강조했다.

-103-

(11) 스포츠서울: 2021 혁신한국인 ~ 大賞 신문 기사

2021 상반기 혁신한국인 & POWER KOREA 大賞

2021년 6월 30일 수요일 스포츠서울   9

- 혁신기업(CEO)/유통:(주)다름달음 · 건축사사무소:건축사사무소 시인공간 · 교육/연구:서울시립대학교 환경공학부/포스트플라스틱특성화대학원 김현욱 교수 · 혁신리더/집회문화발전:한국집회문화연구소 김한성 소장
- 법조인:법무법인(유) 강남 박창신 변호사 · 기술혁신:㈜브이엠네트웍스 · 사회혁신/비건문화발전:(주)엔푸레
- 프랜차이즈/외식브랜드:몽's피자 · 기술혁신/스킨포장:(주)모닝라이프 · 복합문화공간:무고레

스포츠서울
2021. 6. 30

각종 집회·시위 컨설팅 제공, 약자들의 목소리 대변 및 희망 전하다

한국집회문화연구소
김한성 소장

헌법에 보장된 권리로서 약자들의 권익 보호 수단으로 이용되는 집회·시위가 합법적·효율적으로 이루어지도록 도와주는 곳이 있다. 한국집회문화연구소(소장 김한성)가 바로 그곳이다. 김한성 소장은 2009년 오케이두리인력공사를 설립해 건설인력 중개 업무를 담당했다. 임금 체불, 공사비 미지급 등의 문제로 어려움을 겪는 일용 노동자들을 돕고자 집회·시위 관련 법률과 사례 등을 연구하다가 한국집회문화연구소를 열게 됐고, 김 소장은 국내 제1호 집회·시위 컨설팅 전문가로 이름을 올렸다. 오케이두리인력공사는 건설 인력 중개와 집회

컨설팅 연계 서비스를 제공하며 일자리 창출, 일용 노동자들의 안전과 권익 보호·증진에 크게 기여하고 있다. 이로써 2013년 고용노동부로부터 고용 서비스 우수기업 인증을 받으며 공신력을 인정받았다. 김 소장은 320여 차례 각종 집회·시위 컨설팅을 제공하며 약자들의 목소리를 대변했던 경험을 살려 지난해 『억울하면 집회시위로 해결하라』를 발간했다. 이 책은 국내 최초 집시학 총론서이자 집회·시위 지침서이다. 집회·시위에 필요한 기초 상식부터 관련 법 규정, 옥외 집회 신고서 작성 요령, 계획·실행 과정, 효과적인 메시지 전달 방법, 100건의 실제 집회 사례와 사진, 시위 난제 돌파 사례 등이 상세히 담겨 있어 집회·시위를 준비하는 단체나 개인에게

도움이 된다. 일드림협회, 한국고용서비스협회 창립 멤버로서 인력업계 혁신 리더로 부상한 김한성 소장은 "집회·시위는 임금 체불, 공사비 미지급, 노사 비리, 배신행위, 채권·채무, 공공정책 관련 이의 제기 등의 문제로 억울한 상황에 처한 약자들이 적은 비용과 시간으로 빠르게 결론을 얻을 수 있는 최고 수단"이라며 "한국집회문화연구소에서는 억울한 약자들이 희망을 얻고 많은 사람의 호응을 이끌어낼 수 있는 바람직한 시위 방법과 집회 마무리 방법을 깊이 연구하고 이에 대한 방향성을 제시하겠다"고 강조했다.

김한성 소장

-104-

2021 소비자 만족도 1위 기업&브랜드

스포츠조선 | 2021.5.21 | 금 | 40판

스포츠 조선
2021. 5. 21

건설인력과 집회컨설팅 전문기업

■ 오케이두리인력공사

김한성 대표

오케이두리인력공사(대표 김한성)는 건설인력부문과 집회컨설팅을 연계한 전문 업체이다. 2009년 11월 창립하여 2013년 11월 고용노동부 선정 고용서비스 우수인증기업이다. 업무 특성상 일용근로자들인 구직자들에게 일거리를 전날 문자로 보내서 다음날 바로 현장으로 나간다. 인력업체로 나오면 장갑, 각반, 컵라면, 생수, 마스크 등을 무상 제공하고, 원거리는 교통비를 지원한다. 김 대표는 건설인력업체를 경영하며, 인력협회 소속으로 노임체불 등 일용근로자의 애로사항을 현장상담 및 집회시위로 신속히 해결한다.

집회는 헌법에 보장된 표현의 자유이다. 누구나 적법하게 진행하면 큰 권리를 누릴 수 있지만 다수는 형사상 고소 고발, 민사소송에만 매달린다. 김 대표는 그동안 320여회 다양한 집회를 주관한 경험으로 최근 "억울하면 집회시위로 해결하라!"는 국내 1호 지침서를 출간하였다. 이 책은 100개의 실제 집회사례와 사진 및 결과를 분석해서 초보자라도 매우 쉽게 집회시위를 할 수 있게 한다. 김 대표는 집회를 의뢰 받으면 전문적 식견으로 사회자, 구호, 협상 등을 주도하여 양측이 80% 이상 합의하도록 만들었다.

건설현장은 업종이 다양하다. 김 대표는 가능한 업체별 담당 반장을 고정 배치하여, 영속성과 숙련도를 높이므로 구인자는 직영 반장과 같은 효과를 얻는다. 또한 업체에게 매월 1~2회 노임 결재도 허용하며, 근로자의 노임은 매일 선납해 준다.

이를 통해서 양질의 일자리를 확보해 집회 때 보낼 수 있다. 김 대표는 "이제는 일용근로자와 집회 도우미들도 서비스 개념으로 무장하여, 구인자와 의뢰인을 모두 만족시켜야 하는 시대이다."라고 말한다.

집회컨설팅 전문가의 국내 1호 지침서!!

억울하면
집회 시위로
해결하라!

집시학 총론

김한성 지음

(13) 스포츠 조선: 기사 원문 (신문사 제공)

2021 소비자 만족도 1위 기업&브랜드

건설인력과 집회컨설팅 전문기업

▌오케이두리인력공사

김한성 대표

오케이두리인력공사(대표 김한성)는 건설인력부문과 집회컨설팅을 연계한 전문 업체이다. 2009년 11월 창립하여 2013년 11월 고용노동부 선정 고용서비스 우수인증기업이다. 업무 특성상 일용근로자들인 구직자들에게 일거리를 전날 문자로 보내서 다음날 바로 현장으로 나간다. 인력업체로 나오면 장갑, 각반, 컵라면, 생수, 마스크 등을 무상 제공하고, 원거리는 교통비를 지원한다. 김 대표는 건설인력업체를 경영하며, 인력협회 소속으로 노임체불 등 일용근로자의 애로사항을 현장상담 및 집회시위로 신속히 해결한다.

집회는 헌법에 보장된 표현의 자유이다. 누구나 적법하게 진행하면 큰 권리를 누릴 수 있지만 다수는 형사상 고소 고발, 민사 소송에만 매달린다. 김 대표는 그동안 320여회 다양한 집회를 주관한 경험으로 최근 "억울하면 집회시위로 해결하라!"는 국내 1호 지침서를 출간하였다. 이 책은 100개의 실제 집회사례와 사진 및 결과를 분석해서 초보자라도 매우 쉽게 집회시위를 할 수 있게 한다. 김 대표는 집회를 의뢰 받으면 전문적 식견으로 사회자, 구호, 협상 등을 주도하여 양측이 80%이상 합의하도록 만들었다.

건설현장은 업종이 다양하다. 김 대표는 가능한 업체별 담당 반장을 고정 배치하여, 영속성과 숙련도를 높이므로 구인자는 직영 반장과 같은 효과를 얻는다. 또한 업체에게 매월 1~2회 노임 결재도 허용하며, 근로자의 노임은 매일 선납해 준다.

이를 통해서 양질의 일자리를 확보해 집회 때 보낼 수 있다. 김 대표는 "이제는 일용근로자와 집회 도우미들도 서비스 개념으로 무장하여, 구인자와 의뢰인을 모두 만족시켜야 하는 시대이다."라고 말한다.

집회컨설팅 전문가의 국내 1호 지침서!
억울하면 집회 시위로 해결하라!
집시학 총론
김한성 지음

3장 효과적인 시위전략

1. 핵심적 실전 칼럼

(1) 시위는 수단이고 마중물이다.

 <u>시위는 원하는 것을 얻기 위한 수단이고 마중물이다</u>. 60~ 70년대에는 가정 또는 마을 공동의 펌프가 있었다. 당시 우물에서 두레박으로 매번 물 긷기가 힘드니 펌프를 설치하였다. **처음에는 마중물을 1~ 2 바가지 붓고 빠르고 힘차게 펌프질하면 어느 순간부터 물이 올라온다. 즉 마중(맞이하기)물을 반드시 넣어야 우물 깊은 곳의 물을 손쉽게 끌어 올릴 수가 있다.** 만약 마중물이 없다면 아무리 펌프질해도 헛수고일 뿐이다. 이와 같이 시위는 목적(결과)을 얻기 위한 수단이다.

예를 들어 노임을 못 받거나 사기를 당한 돈을 받으려면 찾아가 하소연하거나 내용증명을 발송하고 법적조치할 수 있다. 그러나 통하지 않으면 마냥 기다리며 경찰서와 판사에게 운명을 맡기고 기다릴 수 밖에 없다. **그 결과가 잘 되어도 현행법상 재산을 팔거나 빼 돌리면 돈 받을 길이 거의 없다. 이때 가해자는 큰 소리 치면서 아예 갚을 생각도 않는다.** 그러면 추심비용까지 이중 삼중의 고통을 받는 것이다.

속담에 "꿩 잡는 게 매"라고 돈만 받으면 된다. 마땅한 수단이 없거나 빨리 결과를 알고 싶을 때 시위가 유력한 대안이 된다. **문제는 타이밍이다.** 각종 사유에 대해서 가해자가 시위를 하면 엄청 곤란할 것인가가 무척 중요하다. 정상적인 회사라면 체불 노임, 공사대금 등 달라고 시위하면 이미지 손상이 크다. 그래서 어떻게 해서든 막으려고 할 것이다. 그러나 자금사정이 달리고 망해가는 상태라면 신경 쓸 수 없다. 부도나기 전에 신속히 상황 파악해서 과감하게 행동해야 한다.

<u>**사실 집회라는 수단은 적극적, 고급적 방법이다. 변호사 등 제3자에게 운명을 맡기는 게 아닌 스스로 신속히 선조치, 선빵을 날리는 것이다. 진단만 정확하다면 긍정적인 결과가 나온다. 부디 시위라는 마중물을 조금 붓고 좋은 결과 얻기를 바란다**</u>. 의외로 쉽게 대어를 낚은 사례는 무궁무진하다. 그분들도 두려웠지만 모두 용기로 극복하였다.

(2) 3순위를 우선순위로 만들어라!!

상황이 바뀌었다. 돈을 빌려갈 때는 온갖 아양을 떨고 친절하다가 언제부터 전화도 안 받고 짜증을 낸다. 갑과 을의 신분이 바뀌었고, 상대방은 아쉬울 것이 없다. 혹시 연락이 잘 되어도 돈 줄 생각은 안한다. 이제 목적한 바가 달성되었으니 귀찮을 뿐이다. **쉽게 말하면 돈 갚을 순위가 3순위가 되어서 돈이 있어도 1, 2순위에 집중한다.** 그런데 옛날 향수에 젖어 있는 채권자가 온갖 회유와 통사정을 해도 3순위부터 돈 줄 리는 없다. **방법은 돈 갚을 1순위 아니면 우선순위가 돼야한다.**

이제부터는 지극히 계산적이고 냉철해야한다. 이미 변심한 옛날 애인일 뿐이다. 추하게 달라붙고 싸워야 상대방 마음에서 점점 멀어질 뿐이다. 한 차원 높은 머리를 써야한다. 필자는 그런 사례가 무수히 많다. 예를 들면 **3년 전 아들 결혼자금 2천만원을** 다단계 비상장 주식에 투자했다가 **전액 떼이게 된 것을 필자와 시위해서 전액 돌려받았다. 거기에 손해금 5백만원을 추가로 받아냈다.** 그 돈이 없었다면 아들 결혼식도 못했다며 백번 감사하였다. 집 전세금이고 불과 결혼식 2개월 전이었다.

위에서 만약 매일 다단계업체를 방문해서 울고불고해야 주변 피해자들과 형평성 차원에서라도 돈을 줄 수가 없다. 특단의 조치가 필요한 것이다. 당시 필자는 계약서 한 장 없는 딱한 피해자에게 의분을 느끼며, 즉각 건물 앞에 집회신고 후 대형 현수막을 걸었다. "ㅇㅇ타워 8층 금융다단계 사기회사 김ㅇㅇ회장을 처벌하라!!", **"아들 장가갈 결혼자금 2천만원을 즉각 돌려주라!!"** 현수막 2개를 걸고 대형 엠프와 스피커로 크게 외치니 모든 임직원들이 난리가 났다. 당장 투자하려는 분들도 도망갔다.

회사가 망할 위기를 느낀 상대방 측은 온갖 공갈협박을 했지만 필자가 누구인가? 눈 하나 깜박하지 않고 밀고 나가 피해금까지 모두 받았다. 갚을 1순위, 우선순위로 만들었기에 가능하였고 3시간만에 상황 종료되었다. 당시 의뢰인이 한 일은 필자 말대로 했을 뿐이다. 이와 유사한 일들이 엄청 많다. 그러나 위 회사가 문 닫았거나 피해가 없었다면 협상 불가 했을 것이다. **지피지기한 후 용기와 과감성이 생명이다.**

(3) 배수의 진을 치고 전력투구하라!!

한나라가 조나라 20만 대군과 싸울 때, 한신 장군은 강을 등지고 싸워 크게 이긴 적이 있다. 강물을 등지고 싸우기 때문에 물러나면 죽는다. 그럴 바에야 사생결단 각오로 싸우는 길뿐이다. 그러나 배수의 진이라도 임진왜란 때 신립 장군은 탄금대에서 왜군에게 전멸을 당했다. 강변은 장애물이 없으므로 조총의 상대가 되지 못했다. 1년에 전국 집회신고자 13만 건이 넘지만, 약 60%는 한번도 시위를 못해보고 포기한다. 싸우는 방법을 모르거나 대충 겁주려다가 꼬리를 내리는 것이다.

우선 신립 장군처럼 상대를 모르고 무작정 나가면 패배한다. 적정을 파악하는 것은 기본이다. 집회 신고할 때까지 엄청난 고민한다. 그러나 일단 신고서 접수했어도 자문 받을 수 있는 곳이 없기에 무척 불안하다. 나름대로 한두번 시위해 보다가 소득 없이 끝내는 경우도 많다. **제일 먼저 할 일은 우선 상대방이 어떤 상황에 처했으며, 어떻게 공략할지 정해야 한다. 즉 적정을 정확히 파악해야 한다.** 모든 수단을 동원해서 정보를 얻으면 공격방향이 나온다. 그 이후에는 전력투구해야 한다.

상대측은 집회하면 바로 나와서 지켜본다. 혼자하는지 전문가 동원되었는지 금방 알아차린다. 그런데 아마추어처럼 말도 못하고, 현수막 하나 제대로 못 걸었다면 코웃음 칠 것이다. 벌써 상대방은 집회자를 너무도 잘 안다. 만만하게 보이고 무시당하기 일쑤였다. 학교에서 왕따 당하는 학생은 만만히 보였기 때문이다. "저 사람은 성격이 좋아서 겁주면 금방 꼬리 내릴거야.." 등 생각하기에 <u>대충 시위하면, 오히려 약점만 잡힌다. 전문가 조언이 필수적이다. 초보가 잘 할 수는 없다.</u>

어떤 사유로 집회신고 접수 또는 계획한다고 해도 실제 현장에서 시위 돌입하는 것은 신중해야한다. 상대방에게 완전히 등 돌리는 계기가 되기 때문이다. 그러나 상대측 상황을 파악한 후에 가능성 있다면 과감하게 앞으로 가야한다. <u>통상 20~30% 가능성 있어도 행동하면서 100% 만들 수 있다. 배수의 진이니 앞으로 가야만 산다. 대충하지 말고 전력투구 최선을 다해야 한다. 그러면 해결되거나 협상될 수가 있다.</u>

(4) 절실함과 자신감이 생명이다.

 세상에 대충해서 되는 일은 없다. 더구나 시위는 상대에게 싸움을 신청하고 맞짱을 뜨는 일이다. 잘하면 좋겠지만 어설프면 본전도 못 건진다. 나는 돈 빌려줄 때도 말만 믿고, 서류 한 장 없이 거액을 보내는 것을 이해하지 못한다. 모든 불행의 근원은 거기에 있다. 수년이나 평생 모은 돈을 감언이설에 속아서 보내면 평생 후회해도 안 된다. 그 돈을 곱게 주는 사람도 있지만, 그 어려운 사람이 어떻게 제때 갚을 수 있겠는가? 그런 일들을 안 당해 봐서 그렇고, 너무 순진해서 돈을 떼인다. 더구나 나를 배신한 사람에게 무슨 호의와 인정사정이 있겠는가?

배신자에겐 오직 응징만이 있을 뿐이다. 따라서 법적 소송이나 고발을 했어도 시위를 동원하면 더욱 좋다. 무엇보다 마음 단단히 먹고 목숨을 걸고 시위하며, 체면을 생각치 말아야 한다. 이해 불가한 것은 수천만원, 수억원을 떼어도 적개심이 적다. 한숨만 내 쉰다. 방법을 알려줘도 겁먹고 혹시 그러다가 밉보이면 어쩔까 걱정하니 참으로 안타깝다. **이제는 인간관계 끝났다고 생각하고 오로지 돈 받거나, 목적달성에 모든 것을 걸어야 한다. 그런 결단이 우선이다!!**

특히 절실함이 가장 중요하다. 옛날 학창시절 벼락치기 공부도 절실하면 머리에 쏙쏙 들어온다. 그러나 조금이라도 나태하면 졸려서 금방 중단하게 된다. **필자가 이해 불가한 것은 집회신고 후 시위해도 반드시 성공하겠다는 절실함이 부족한 분들이 많다. 제3자도 자기 일처럼 분개하고 최선 다하는데, 당사자는 잘되면 좋고 안 되면 어쩔 수 없지.. 그런 분들을 보면 열심히 해줄 마음도 사라진다.** 어떤 분은"내가 꼭 현장에 가야 합니까?"라고 물어본다. 당연히 주인이 앞장서야 풀린다.

다른 방법이 없기에 절실히 해야만 잘 마무리되는 경우가 많다. **4년 전 필자도 힘들다한 것을 여성분이 병원 상대로 끝까지 시위해 받는 것을 보고 큰 감동 받았다. 문제는 당사자가 "쪼다 짓"하지 말고, 자신감을 가지고 매달려야만 한다. 그런 치열함과 근성이 문제를 해결하는 원천이다.** 부디 절실히 임하고, 스스로 믿기를 재삼 부탁드린다..

(5) 실패자는 출발선에서 낙오를 생각

 실패자의 특성은 싸우기도 전에 패배를 생각한다. 이러면 게임은 끝난 것이다. 각자는 인생의 선봉장인데 패배의식에 젖으면 약이 없다. 출발선에서 낙오를 생각하면 경기결과는 뻔하다. 국제경기는 0.01초 차이로 1, 2위가 갈린다. 나약한 생각을 하면 베스트 다하지 못한다. 이는 성공한 경험이 적어서 패배의식에 젖어 있기 때문이다. 더구나 시위는 달리기가 아니므로 1등 2등이 없고, 실패와 성공만 있을 뿐이다.

 인생사는 100% 확실한 것은 없다. 은행도 부도가 나고 망할 수 있다. 가능성 10% 라도 어떻게 싸울까 따라 100% 만들 수 있다. 대개 멘탈이 강하면 상대방이 무시하지 못한다. **어쩌면 집회는 "기세 싸움"이라고도 할 수 있다. 그런데 시작하기 전에 패배를 생각하면 힘이 빠진다. 무슨 힘으로 싸워 이길 수 있겠는가?** 나약한 정신력, 대책 없는 동정심이 결국 나락으로 이끈다. 이제라도 정신 차리고, 배신자를 응징해야 한다.

 사회적으로 성공한 분들은 불가능을 뒤집는 명수들이다. 실패자는 패배할 변명거리를 살피지만, 성공자는 장애물을 뚫고 나갈 묘수를 찾는다. 그러면 어떻게 싸우면 좋겠는가? 먼저 냉철하게 상대방과 나의 장단점을 분석을 해서 약점을 공격한다. 만약 정상적 회사라면 약속을 어기거나, 노임체불 문제점 등 지적한다. 개인이거나 음식점 등은 부도덕한 거짓말, 사기성을 말하면 곤욕스럽다. 상대방의 상황을 개의치 말고, 본인 것만 해결하면 된다!! 나약한 맘은 한강물에 던지고 전사가 되라!!

 이런 시위뿐 아니라 사회생활에서도 패배의식은 전혀 도움이 안 된다. 이 사회는 어쩌면 약육강식이 지배한다. 사기꾼들에게 천국이라고 한다. **조선시대 유교문화와 농촌 공동체 의식은 신뢰를 바탕으로 한다.** 사기를 치거나 말을 바꾸면 쫓겨나고, 사람대접을 못 받는다. 그러한 전통으로 서류 없이 돈을 줘서 큰 문제가 되었다. 이제는 시대가 바뀌었다. 오히려 가까우면 더 확실한 서류를 요구할 수 있다. 아니면 말구.. **마음이 약해도 시위하려면 강해야한다. "반드시 해낸다. 못된 놈을 응징한다!!" 등 눈에 불을 켜면 상대방도 알아차린다. 기는 전달되기 때문이다!!**

(6) 손자병법의 先勝求戰, 出其不意 전략

손자병법은 싸움 기술을 알려준다. "不戰而 屈人之兵 善者也(부전이 굴인지병 선자야)" 즉 싸우지 않고 이기는 것이 최고의 선이라고 하였다. 그러면 기왕 싸우려면 어찌해야 할까? "知彼知己(지피지기)"는 기본이다. 그 이후 **최고의 전략을 필자는 先勝求戰(선승구전)이라고 믿는다. 이는 "먼저 이겨 놓고 싸운다."는 뜻이다. 즉 이길 수 있는 모든 조건을 갖추어 놓고 싸움을 건다.** 대표 사례로 이순신 장군은 매우 불리한 명량해전에서 불과 13척으로 130여척의 왜군을 대파한 것이다.

당시 이순신 장군은 왜군 동향을 손바닥 보듯이 파악했고, 싸울 위치와 급속한 해류의 흐름, 썰물 시간까지 고려해서 대승을 거둔바 있다. 또한 나폴레옹은 오스트리아, 이태리 원정 시 적의 동향과 도주로 등 충분히 예견하여, 불리한 싸움에서 연승을 거두었다. 그래서 격언에 "나폴레옹의 승리는 전장 막사에서 결정(先勝求戰)되었다."고 하였다. 요체는 "기동과 우회전술"을 통해서 과감히 상대방의 허(出其不意)를 찌르는 전술에 적은 속수무책으로 당했다. 징기스칸도 비슷하였다.

시위는 일종의 "전쟁 선전포고"라고 필자는 누차 언급하였다. 장난으로 "그냥 한번해보고 아니면 말고 식"으로 받아들일 상대방은 없다. 매우 심각한 도전으로 받아들이므로 신중하고 과감해야 한다. 위의 이순신장군은 모든 것이 불리하지만, 오직 이길 수 있는 방법만 찾았다. 나의 전 재산과 회사 존망이 걸려있는 곳에서 신속하게 원하는 결과를 얻으려면 엄청난 노력으로 상대의 허점과 정확한 실태를 파악하고 목숨 걸고 싸워 이겨야한다. 대다수 그런 치밀함과 치열함이 부족해서 아쉽다!!

다시 살펴보면 **先勝求戰으로 시위 전 치밀한 전략으로 상대방 약점과 나의 강점을 확인하면 자신감이 생긴다. 出其不意는 상대방이 예기치 못하는 곳으로 과감히 치고 나가는 것이다.** 필자 의견을 존중하는 분들과 함께 전략을 짜고, 용감하게 시위해 성공한 경우가 엄청 많다. 결과가 좋으면 다 좋다. 그러나 **대충 집회를 준비하고 실행하면 운에 맡기는 꼴이다. 비록 불리해도 역전의 전략과 행동력이 가장 중요하다!!**

(7) 집회 성공= 준비성+ 자신감+ 행동력

필자는 집회 성공의 방정식을 장기간 고민했다. **그 핵심 사안은 준비성+ 자신감+ 행동력이란 결론을 내렸다. 이 3대 요소만 발휘해도 충분히 성공할 수 있다.** "선무당이 사람을 잡는다."는 속담이 있다. 법률자문 등은 변호사 조언에 전적으로 의지해도, 시위 무경험자가 필자에게 진행을 맡겨놓고 맘대로 추진하려 한다. 소경이 코끼리 다리를 만지고 판단하는 격이다. 그러니 좋은 성과를 낼 수 있겠는가? 시위는 고도의 경험과 전문성이 요구된다. 대충 추진할 일이 결코 아니다!!

만일 성공하지 못하면 치명상을 입을 수 있다. 역으로 집회신고까지 한 사람과 예전과 같이 지낼 수 있을까? 성공한다면 실리를 얻었고, 관계가 복원될 여지도 있다. 하지만 어설프게 시작했다가 포기하면, 인간관계는 원수처럼 될 가능성이 높다. 철저한 준비가 최우선이다. 시위는 다른 방법 없거나, 신속함을 원하기 때문이다. <u>준비성은 첫째: 필자 같은 전문가에게 전화라도 물어보면 좋다. 실패자는 대충 준비하고 포기도 빠르다. 둘째: 현수막, 피켓 등을 가능한 크게 많이 만든다. 그 비용은 성공 시 얻을 이익 대비 새 발의 피다. 셋째: 엠프, 스피커는 임대해서라도 용량이 큰 것이 좋다. 넷째: 집회사유서를 에이4 용지 1매 작성해서 나중에 행인들에게 배포하라!!</u> 기타 여러 준비물이 필요하다.

다음은 **자신감이다.** 즉 스스로를 믿는 것이요, 신념을 간직하는 것이다. **의외로 집회 신고했어도 대다수 자신감이 없다. 성공 가능성 확실하면 자신감 필요 없다. 뭔가 불안하므로 자신감 있게 말하고 행동해야 한다.** 자신감은 누가 대신 줄 수 없다. 그런 자신감은 철저한 사전준비가 되어 있어야만 가능하다. 그리고 상대의 약점을 파악해야 된다.

마지막으로 **행동력이다. 아무리 준비를 잘하고 자신감 넘쳐도 행동으로 마무리해야 한다. 그러므로 행동은 시위 꽃이다. 꽃이 잘 피어야 열매가 맺힌다.** 모든 것을 건다고 각오하면 번민도 사라진다. 양다리 걸쳐서는 결코 성공할 수 없다. 필자는 피해자이고, 집회신고자라 암시하며 최선을 다한다. **집회 성공하려면 위의 3대 요인을 실행하라!!**

(8) 대화경찰관을 최대한 활용하라!

요즘 경찰서에 집회신고서를 접수하면 대화 경찰관 제도를 안내한다.

■ 대화경찰관은 집회.시위 현장에서 벌어지는 갈등을 중재하고 참가자와 시민의 안전을 위해 조정 역할을 하고 있습니다.

■ 대화경찰관은 현장에서 쉽게 찾을 수 있도록 조끼 등 별도의 복장을 착용했으며, 도움이 필요하신 경우 대화경찰관에게 요청 바랍니다.

담당 대화경찰관 ☎_____

위 내용은 필자가 신청했던 집회신고서를 2024년 4월 방배경찰서에서 발급해 줄 때의 내용이었다. 즉 전국 경찰서에서 공식적으로 대화경찰관 제도를 운영하고 있다. 원래는 경찰서 정보과에서 집회신고서를 발급해 "정보관"이라고 불렀으나, 이제는 "대화경찰관"이라고 불러야 한다.

시위는 대화가 막히고 상대방을 믿을 수 없을 때에 발생한다. 그러므로 시대에 부응한 "대화경찰관" 제도이다. 그래도 10명 이하 소규모 시위가 많아서 대화경찰관 복장이나 완장을 찬 경우는 수백명 이상일 때이다. **무엇보다 소중한 것은 대화경찰관을 통해서 "갈등을 중재하고 조정자" 역할을 자임했다는 점이다**. 통상 집회신고인과 상대방은 갈등이 첨예하므로 대화가 되지 않는다. 그러나 **공권력인 대화경찰관이 제3자의 입장에서 "대화를 중재"**하면 따르는 경우가 많다.

이때 경찰은 어느 한편을 들지 않고 양쪽 의견을 들어주고, 원만히 합의보거나 대화를 할 수 있도록 도와준다. 아직 초기지만 경찰이 적극 중재해줘서 원만히 대화로 끝낼 때에 큰 감동을 받는다. "아는 것은 힘이다"라는 격언처럼 이런 공식제도가 있으므로 **집회신고자는 쫄지 말고 대화경찰관에게 정식으로 중재를 요청해야만 한다. 가만히 있는데 "무엇을 도와줄까요?" 말하는 경찰은 드물다**.

먼저 현장에 나온 경찰에게 인사하고 "이런 사유로 시위하는데, 상대측 만나서 대화로 풀도록 방문 부탁드려요.."하면 당연히 찾아가서 의견을 전달하고 중재와 조정자 역할을 해준다. 일부가 경찰을 두려워하지만, 이제는 달라졌다. 엄청 친절하며 중재자 역할도 잘해준다.

(9) 99% 긍정적 언어가 상황을 바꾼다.

긍정 적극적 말이 상황을 바꾼다. 유심히 지켜보면 부정적 언어가 넘침을 알 수 있다. **노선을 물어볼 때 "잠실역 안가요?"묻거나, 슈퍼에 물건 사러 가서 "○○ 없나요?" 무심코 묻는다.** 그냥 "가나요? 있어요?"라고 물어봐도 되는데 무의식적으로 부정적으로 묻는다. 그만큼 부정 언어가 일상화 되어 있다. **필자는 의식적으로 긍정의 언어를 쓴다. 시위를 계획할 때도 긍정의 말을 적극적으로 쓰면 큰 힘이 난다.**

우리 민족은 수많은 외침을 당하고, 나라를 빼앗기고 재산을 강탈당한 경험이 있어서 부정적 언어가 일상화 되어있다. 긍정적 결과를 원하면서 부정적인 표현을 쓰고 있다. 따라서 말의 중요성 일컫는 속담이 의외로 많다. **"말 한마디로 천냥 빚을 갚는다. 발 없는 말이 천리 간다. 가는 말이 고와야 오는 말이 곱다. 호랑이도 제 말하면 온다. 말은 칼날보다 더 예리하다. 말을 바꾸면 인생을 바꾼다. 말이 씨가 된다."** 등 수많은 속담이 있다. 이 중에 "말이 씨가 되고. 인생을 바꾼다!"를 주목한다.

시위를 알아보고 준비하다 보면 주변에서 엄청나게 부정적 말을 듣는다. "그게 되겠냐? 괜히 돈만 날리고 ○○와 원수만 된다. 좀 더 기다렸다가 천천히 해봐라. 주변 거래처가 다 끊긴다. 경험도 없으면서 어떻게 하려 그러느냐? 시위해 될 일이 아니다.." 등 **온갖 부정적 말을 듣고 포기한 경우도 많으리라! 문제는 그런 소인배들 말을 들어서 상황이 좋아지지 않는다. 모든 책임과 부담은 그대로 남아있다.** 그런 아마추어가 뭘 알겠는가? 시위 무경험자에게 물어본 것이 문제이다.

"호랑이를 잡으려면 호랑이 굴로 가야한다." 속담처럼 당사자와 맞짱을 떠야한다. 시위를 할 사유가 있다면, 부정적인 말하는 자를 멀리하라!! 아무 것도 모르면서 힘만 뺀다. 30% 가능성만 있어도 행동하며 100%를 만들면 된다. 정치행위, 시위진행 등 모두 말로 한다. **불리한 상황에서도 긍정으로 말하면 엄청난 에너지가 솟아남을 느낄 것이다. 필자는 매번 긍정적 말하기가 습관화 되었다. 필자의 말과 기를 받으면 반드시 성공한다.** 유능한 스승을 따르면 제자도 그대로 될 수 있다..

(10) 주도적으로 일처리 하라!!

 스티븐 코비 박사가 쓴 "성공하는 사람들의 7가지 습관"이란 책은 세계적으로 4천만부 팔린 초베스트셀러이다. 필자는 이 책을 10여년전 아주 감명 깊게 읽었다. **성공 습관 중에서 첫 번째가 자신의 삶을 주도하라!! 이다.** 우리는 무슨 일을 어쩔 수 없이 할 때가 많다. 그러면 상황이 나를 끌어간다. 무슨 재미가 있으며 결과가 잘 나오겠는가? 필자도 예전에는 마지못해 할 때도 있었지만, 이 책을 읽은 후 바뀌려고 많이 노력하였다. "기왕할 일이면 주도적으로 해보자.."결심한 후 성과는 엄청났다.

 필자가 주도하는 "집회시위 대행업"은 다른 곳에서도 하지만, 전문적인 식견과 장비를 갖추고 10년 이상 하는 곳은 없다. 여러 문제가 있었지만 나는 늘 **"끌려가지 않고, 주도적으로 일처리"**하였다. 막상 문제점이라고 생각했으나 선제적으로 일처리하면, 별것 아닌 것처럼 넘어 갔었다. 그 **때에 큰 희열과 보람을 느낀다.** 필자는 기왕에 시위하려면 남의 일처럼 하지 말고 좀 더 "주도적으로 하라"고 강력히 권한다.

 필자가 제일 싫어하는 사람은 본인이 주도 하지 않고 필자가 다 알아서 해주길 바라는 분이다. 그것도 잠시다! 부정적 말을 듣거나 생각이 떠오르면, 아무리 좋은 말을 해줘도 듣지 않는다. 그러니 무슨 좋은 결과가 나오겠는가? **일을 주도적으로 처리하는 사람은 "문제점이나 부정적 요인은 필수"라 생각한다. 그것을 돌파할 방법과 상대방 약점을 공략한다.** 그러나 소극적인 분은 필자가 책을 그냥 줘도 대충이라도 읽지 않는다. 아무런 지식과 노력 없이 무슨 좋은 결과를 낼 수 있겠는가?

 따라서 **시위뿐 아니라 삶에서도 "주도적인 일처리"를 주문한다.** 그러면 일하는 재미도 쏠쏠하다. 내가 상황을 끌고 가는 사람은 말에 힘이 있고 **적극적으로 행동한다.** 경찰서에 집회신고서를 접수 시 주최자를 반드시 기재한다. 본인이 주최하고 주관은 대행업체가 하더라도 결실은 주최자에게 돌아간다. 시위 결과에 따라 명운이 바뀔 수 있으므로 모든 것을 걸고 최선을 다해야 한다. **필자가 600회 시위를 지켜보면서 주도적으로 일처리하며, 최선을 다하는 분이 실패하는 사례는 결코 없었다.**

(11) 후흑학 성공원리의 이해

　중국의 4대 기서(奇書) 중에 후흑학이 있다. 10여년전 당대표 선거에서 패배한 홍ㅇ후보가 "앞으로 후흑학을 깊이 연구해야겠다."고 말해서 큰 화재가 되었다. 후흑학 저자 이종오(李宗吾)는 19세기 청대말부터 활약하였다. 후흑학은 1912년 사천성에서 알려져서, 1940년대는 중국 전역에 모르는 사람이 없게 되었다. 후흑은 "면후 흑심(面厚 黑心)"의 합성어로 대략 "얼굴이 두껍고 마음이 검다"는 의미로 "낯가죽이 뻔뻔하고 마음이 음흉하다"고 번역된다. 이는 단순 처세술이 아니라 이종오가 서양의 열강에게 망하는 청나라를 보면서 "후흑 구국"의 동기에서 출발하였다.

당시 청나라가 영국과 아편전쟁 등으로 망한 것은 후흑을 외교와 협상 등에 적용하지 않아서라고 주장했다. 이 책에서 후흑의 대가는 "유방과 사마의"를 예로 들었다. 유방은 막강한 항우와의 싸움에서 후흑을 유감없이 발휘했고, 사마의는 조조에게 온갖 수모를 견디고 후손이 진(晉)나라를 세우게 한다. 그 반대로 항우는 얼굴이 얇아서 수모를 참지 못하고 자결하였다. 한신은 불량배 가랑이를 기어갈 정도로 얼굴은 두꺼웠으나, 마음이 음흉하지 못해서 유방에게 토사구팽 당했다. **역대 영웅호걸들은 하나 같이 "후흑의 달인"이라는 말에 깊이 공감한다.**

필자는 이 책을 몇 번 읽고 깊은 감명을 받았다. 특히 이종오가 "옛날에 영웅호걸이 된 자는 분명이 비술이 있을 것이다. **침식을 잊고 몇 년간 궁리 끝에 "알았다! 영웅호걸은 한낱 뻔뻔하고, 음흉한 자에 불과하다! 는 것을..** 깨닫고 감탄했다고 한다. 인용이 좀 길었다. **필자는 "厚黑"을 시위에 적용하면 신묘한 결과 있다고 믿는다. 요체는 겉과 속이 달라야 한다는 점이다.** 사실은 쉽지 않다. 우리는 어릴 때부터 "정직하지 않으면 위선자, 거짓말쟁이.."로 매도당하였다. 그러나 속마음을 드러내면 "이기주의자"로 낙인찍히는 "이중인격자"를 만드는 사회구조였다.

시위는 상대방 속마음을 역이용하면 된다. **집회 신고자를 만만히 볼 때 "급소를 타격해 심각한 피해를 준다."고 느끼면 달라진다.** 부디 "얼굴을 두껍게 하고, 속마음을 감추는 전략"을 구사하길 기원한다!!

(12) 후흑학 현실적 행동전략

시위를 후흑학 측면에서 살펴보자. **상대방과 신고자는 대개 얼굴을 잘 알고 있다.** 체불 노임, 공사비 미지급, 사기 피해 등 상대방이 약속을 어기지만, 민.형사 접근은 장기간 소요로 시위를 한다. 따라서 신고자의 성격, 상황, 전망 등 잘 파악하고 있다. 상대방이 나를 잘 알고 있는데 무슨 새로운 전술이 나올 수 있는가? **더구나 시위를 어떻게 해야 할지도 모르고, 경험자에게 묻지 않았다면 최악이다.** 이럴 때는 시작하지 말아야한다. 불리한 싸움은 미루고, 유리한 국면으로 만들어야한다.

우선 피해준 상대방에게 시위한다고 통보할 필요는 없다. 그러면 상대는 미리 대비하므로 충격이 적다. 시위 장소는 공사현장 또는 사업장인가? 본사에서 할 것인가? 오전에는 현장, 오후엔 본사 등 최대한 시위효과를 끌어 올려야한다. **평소와 똑같이 응대하고, 시위로 인해 결정타를 먹일 방법이 무엇인가 계속 찾아본다. 이것이 속마음을 감추고 얼굴 두꺼운 面厚黑心의 시작이다.** 이후 가능한 대형 현수막을 펼치고 시위한다.

후흑학 책 속에 **"鋸箭法(거전법)"** 은 **"톱과 화살"** 뜻으로 어떤 사람이 화살을 맞아 외과에 갔더니 "화살대만 톱으로 자르고, 화살촉은 내과에서 뽑으라!"하였다. 즉 협상 시 얻은 것은 당연하고, 더 얻기 위해 "생각해 봅시다"라며 시간을 끌어라! 등 내용과 **"求官 6字 眞言法"** = **협상시** 空 **(시간 여유, 인내심)** 沖**(허풍)**, 恐**(공갈, 협박)**, 棒**(갈채, 칭찬) 등 6대 전략을 제시한다.** 즉 구체적 상황 따라 변신해서 대세를 장악하고, 필히 인의도덕의 탈을 쓰고 속셈을 드러내지 말 것을 충고한다.

결국 집회는 협상을 통해서 원하는 결과를 얻어야한다. 고스톱에서 상대에게 패를 안 보여 주듯이, 이쪽 속마음을 감추고 압박하면 원하는 것을 얻기 쉽다. 그러나 시위현장에서 신고자는 갑이 아닌 을처럼 굽실대니, 만만히 보고 "어차피 며칠 못 간다!!"며 협상을 거부한다. 이처럼 **시위와 협상은 고도의 전략과 수 싸움이 필요하다.** 그런데 대충 준비하고 말하니 못 얻어 내는 것이다. **부디 약한 마음을 버리고 "낯가죽을 두껍게 하고, 속마음을 감추는 면후흑심 전략"으로 적극 협상하라!!**

(13) 갑의 신분으로 변신하라!!

 예전에 계약서를 작성 시 매도자. 임대인. 고용자 등을 "갑"으로, 반대 경우는 "을"이었다. 대개는 "갑"이 원하는바 대로 계약서를 작성하였다. 지금은 규정이 바뀌어 "갑, 을"이란 용어를 쓰지 않는다. 하지만 사회 곳곳에 갑의 행태를 "갑질"이라는 표현으로 잔존해 있다. 즉 갑의 위치에서 자기 마음대로 결정하고 "을"은 따르라는 것이다. **을은 잘 보여야 갑이 일감을 주거나, 계약을 할 수 있어서 저자세로 나가야 했다.** 노임이나 공사비 체불도 갑이 "지금은 힘드니 기다려라!"라며, 일방 통고하는데 문제가 있다. 그러면 을은 끽소리 못하고 기다렸다.

위처럼 참는다고 잘 해결되지 않고 부도가 날 수도 있고, 노임을 떼먹고 도망갈 수 있다. 문제는 타이밍이다. 과연 기다려 해결된다면 모르지만 그 사이 돈을 빼돌리거나, 증거인멸하고 잠적 시 못 받는다. 그러므로 **누차 언급하지만 정확한 실태를 파악한 후 과감하게 행동하는 것이 최상의 방법이다. 문제는 한번 "을" 입장이 되면 계속 저자세로 굽실거리며 "갑"의 눈치를 살피는데 있다. 그러면 집에서 기르는 개처럼 던져주는 먹이만 받아먹거나, 항의조차 못하는 피해자로 남는다.**

1호 책에서도 언급한 것처럼 "집회신고서"를 접수하면 "을"이 아닌 "갑"으로 신분이 바뀐다. <u>시위에서 갑의 위치가 무엇인가? 경찰은 집회신고 되면 상대방에게 통보한다.</u> 그러면 **신용상, 타인 이목 등 불이익을 받을 수 있으므로 상대측은 "을" 신분이 된다.** 그래서 전화로 하소연, 협박반으로 "집회하지 말라!!"고 통고한다. 그래도 멈추면 아무것도 바뀌지 않는다. "그래 맞아! 저 사람은 어쩌다 집회하지만 역시나 마음 약하고, 고분고분하니 별일 없을거야!!"라며 갑의 입장을 취한다.

이렇게 **피해자가 갑으로 신분이 바꾸면 장점이 많다. 우선 집회시기를 맘대로 정할 수 있다.** 그리고 현수막 제작, 유인물 배포 및 엠프 사용 등 모든 결정권이 있다. 특히 <u>당장 시위하거나, 중단여부 등 모든 협상권이 갑에게 있다. 그래서 **목과 눈에 힘을 주고, 상대방에게 끌려 다니지 말고 강하게 압박해야 한다. 승부수를 띄워야만 산다**</u>!!

(14) 집회해선 절대 안 되는 경우

 무조건 집회시위를 해선 안 된다. 충분히 실익을 따져보고 손해가 훨씬 크다면 포기해야 한다. 혹자는 필자가 무조건 집회를 권유한다고 오해를 한다. 하지만 전화 또는 방문상담 후 "본 건은 집회해도 소용없습니다. 깨끗이 포기하세요.."라고 말하는 경우도 있다. 아마 상담 대비 10%는 넘을 것이다. 의뢰인도 단순 문의하고 가능성 있을 때만 시위를 한다. 그럼 집회를 해선 절대 안 되는 경우를 알아보자.

첫째: 상대방이 부도나서 도망 다니는 경우다. 부도났으면 본인 재산이 전혀 없다고 봐야한다. 더구나 해결의지가 없이 도망 다니면 어떻게 돈을 받겠는가? 아쉬워도 민.형사 접근은 시간만 끌고 소용이 없다.

둘째: 상대측 회사가 부도나지 않았어도 명함만 빌려 사업하고 실권이 없는 경우다. 소속 회사의 동의를 받지 않고 가해자가 일방으로 명함을 파서 다니는 경우다. 상대측 회사에게 알리지 않거나 좌석 배정 등 없이 고문, 부회장 등 명함을 파가지고 영업하다 도망간 케이스이다. 피해자는 회사와 가해자가 공모 했다는 점을 입증해야 하는데, 객관적인 근거가 없는데 가능할까? 오히려 집회 시 업무방해로 고발될 수 있다.

셋째: 상대방이 재산이 있다고 해도 타인 명의로 이전해 놓고, 계약서, 차용증, 합의서, 녹취록 등 어떤 증거서류도 없을 때. 이런 상황은 친인척, 친구, 지인에서 많이 발생한다. 오직 상대방만 믿었고 어떠한 근거서류도 없다. 이쯤 되면 녹취 당할까봐, 휴대폰도 "수신거절" 해놓고 연락이 두절된 케이스이다. 겉으로는 쉬워도 절대 못 받는다.

넷째: 기타 다양한 사례가 있다. 다단계/코인사기 등에서 한탕 해 먹고 문 닫고 잠적할 때. 인력사무소 현장 팀장이 작업인원을 부풀려 차액을 횡령하고 도망친 경우 등 **아무리 민.형사 및 집회 시위하여도 해결불가하다. 무척 아쉬워도 깨끗이 포기하는 것이 상책이다.** 그곳에 매달리면 변호사비 및 노력만 들어가고 결국은 허탈함만 남는다. 포기하는 것도 대단히 용기이다!! 필자는 위 외에도 많은 경우에 **"시위해도 힘드시니 빨리 포기하세요.."**라고 정중히 권유하면, 대다수 따라주신다..

(15) 집회 대행업체 이용 시 장점

우리는 대행체제 시대에 살고 있다. 몸이 아프면 의사에게 맡기고, 법률서비스는 법무사, 변호사에게 의뢰한다. 노무사, 세무사, 중개사 등 모두 전문분야 일을 대행하여준다. 집회 시위관련 대행도 당연하지만, 낯설어 하는 것은 홍보가 부족하기 때문이다. 필자는 2012년 7월 과천청사에서 첫 집회할 때 난감했던 기억이 새롭다. 주변에 물어볼 만한 분도 없어서 몇 번이나 포기하려다, 깡으로 밀고 나가 잘 마무리 했었다.

전국에서 연간 12만여건 집회신고 상당수가 이런 상태일 것이다. 하지만 지금은 우리 대행업체 있는 것이 참으로 다행스럽다. 위 변호사와 시위대행사가 다를 것이 없는데, 일반인은 변호사가 더 공신력 있다고 착각을 한다. 오히려 변호사는 소송 결과와 무관하게 1심, 고등법원/대법원 계속 수임료를 받는다. 기간도 6개월 이상~ 수년이 소요 된다. 그러나 시위는 1주일~ 1개월 이내 결론이 난다. 비용도 훨씬 저렴하다.

의사나 변호사에겐 지식이 없어서 모두 맡기면서, 시위도 전문분야인데 자기 마음대로 진행하는 것이 놀랍다. 하지만 지금까지는 믿고 맡길만 한 업체가 없었으니 이해한다. 필자는 서울둘레길 157km, 14회 돌았고 서울시장 인증서도 받았다. 2021년 10월 처음 인증서 받기까지 6개월 걸렸다. 초행길 잘못 들어 1시간 헤매다 코스를 찾은 적도 있었다. 하지만 **서울둘레길 웹이 개발된 것 알고, 따라만 가니 쉬웠다. 집회도 동일하다. 600여회 경험자가 코칭하면, 문제없이 잘 갈수 있다.**

이제는 생각을 바꿔야 한다. 필자 1호 책을 읽어보거나 금번 책을 읽고 저자와 면담하면 훨씬 좋다. 그런 발품을 팔면서 적극 문제해결의지가 있는 분이 매우 적다. 참으로 안타깝다. 의뢰인이 분야별 전문가와 직접 상담해보고, 필자도 만난 후 최종 결정해도 늦지 않다. **필자는 사업자등록증상 "집회시위컨설팅, 용역대행, 유료직업 소개소"로 등재되었으며, 세금계산서가 발행된다. 10여개 단체에게 표창장, 인증서를 받았다. 언론기관 취재기사가 엄청 많다.** 즉 공인된 전문가이다. **의뢰인은 맡겨 놓고 시위현장에서 지켜만 보아도 해결 될 수 있다!!**

(16) 온 마음으로 모든 것을 걸어라!!

 소심하거나 소극적인 분은 반쪽 마음으로 일한다. 그러나 **주변에 성공적인 삶을 사는 사람은 대충하지 않는다. 남에게 의존하지 않고 스스로 결정하면 최선을 다한다.** 필자가 늘 놀라고 감탄하는 것이 있다. **선거때 출마자, 경기 출전한 운동선수는 헌신하고 모든 것 던진다. 결과는 안 될 가능성이 높지만 오직 가능성만 바라보고 최선만 다한다.** 그러면 역전되는 경우도 많다. 성공만 쳐다보면 잡념도 없어진다.

시위에 대비해 보자. **여러 상황으로 집회 신고했지만 경험 없는 분들이 대다수이다. 그러면 어찌해야 할까? 주변 경험자에게 물어보거나 또는 책을 참고하면서 적극 시위를 주도해야 한다.** 필자는 첫 시위 때나 지금이나 동일하게 모든 것 걸고 최선을 다한다. 경우에 따라선 욕을 먹을 각오를 한다. 의뢰인이 현수막, 피켓 등 모든 시위용품을 준비한다 해도 대형 현수막 1개는 필히 준비한다. 다수 인원이 참가하면 필자 임의로 현수막을 준비한다. 진행도 의뢰인에게 무조건 맞추지 않는다. 아직 잘 모르기 때문에 그러므로 관계비용을 못 받아도 밀고 나간다.

누차 언급한 것처럼 **의뢰인은 벼랑 끝에 몰린 분들이 많다. 기왕 집회를 하려면 모든 것 걸고, 배짱 좋게 나가야만 상대방이 긴장한다.** 그러나 소극적 사람은 집회하면서도 뒤를 바라보고 걱정만 한다. 운동선수나 선거출마자가 탈락을 걱정하는 꼴이다. 얼마나 초라하고 불쌍한가? 이러고도 좋은 결과를 바라는게 이상하지 않은가? 그동안 부정적이고 잘못된 가정교육과 학교수업으로 대다수 수동적, 소심한 사람이 되었다. **사실 여기서 물러나면 더 이상 갈 곳도 없지 않은가? 모든 것 걸고 성공해 인생역전의 기회로 만들어야할 만큼 절박해야 한다!!**

필자는 자기개발 서적에서 "반 마음이 아니라 온 마음으로 일하라!"는 말에 깊이 공감하여 기왕 결정한 일은 100% 마음으로 최선을 다한다. 그래서 이 책도 출간이 가능하였다. 온 마음으로 정성을 다하면 하늘도 감동해서 기적이 일어난다! **부디 자신감을 갖고, 모든 것을 걸고 내가 원하는 결과를 만들어라! 하늘은 늘 기적을 준비하고 있다!!**

(17) 유인물 배포는 집회의 꽃이다!

옥외 집회는 주최자의 뜻을 관철하려는 것이다. 단순히 현장에서 구호만 외친다고 해결되지 않는다. 시위할 사유를 설득력 있게 써서 배포한다면 큰 효과로 나타난다. **유인물은 일종의 기자 회견문, 반박문, 보도자료와 비슷하다. 본인의 입장을 분명히 알려준다.** 유인물 1매를 200~ 400부 복사해 현장 배포한다면 상대방은 큰 부담감을 느낀다. 시위자의 억울한 사정을 소상하게 알릴 수 있어서 그 설득력이 매우 크다.

그러나 **이런 방법을 잘 모르며 1매로 정리할 수도 없으므로, 필자 책에 나와 있는 80건의 실제 유인물을 참고해 작성하면 된다.** 이때 법적으로 상대방이 명예훼손, 업무방해 등으로 고소할 수도 있으므로 실제 사실만 언급하고, 욕설 등을 하면 안 된다. 또한 **기왕에 집회하려면 가로 5m 세로 1.5m 대형 현수막**을 걸어 놓고, 유인물을 나눠만 줘도 그 효과가 엄청 크다. 시위는 "위력과 기세로 상대방의 기선을 제압하는 것"이다. 그 위력은 큰 현수막, 유인물 배포, 엠프 사용이 최고이다.

집회 시위는 상대방에게 일종의 전쟁 선포라고 누차 말하였다. 전쟁은 무조건 이겨야 하며, 강력한 무기를 갖추어야 한다. 그 막강한 무기의 3 요소가 대형 현수막, 유인물 배포, 고출력 엠프이다. 이런 무기도 없이 전장에 나가서 이길 수 있겠는가? 집회는 상대방에게 나의 힘(위력)을 보이는 것이다. 안타까운 것은 생애 처음 전장에 나온 사람이 무기도 없고, 어떻게 싸울지도 모르며, 운명에 맡긴다. 어떻게 좋은 결과를 기대할 수 있겠는가? 그래서 시위 성공률이 낮은 것이다..

따라서 필자는 참석자 대소에 무관하게 꼭 유인물을 만들어 배포할 것을 부탁한다. 큰 인원은 필자가 제목, 문구 수정을 대신해 준다. 건물 앞에서 아무리 소리쳐도 남들은 진실을 모르며 관심 없는 편이다. **사실은 위 기세싸움은 상대방이 항복해 협상하라는 경고이다. 유인물 등으로 정확한 실상과 비리, 부도덕함 알려지면 상대방은 큰 이미지 손상을 입는다.** 이처럼 시위는 상대의 약점을 최대한 공략해서 항복케 만들며, 협상을 이끄는 과정이다. **그 선봉장으로 유인물이 제일이다!!**

(18) 사자는 물소의 급소를 공략한다!!

사자는 물소를 잡아먹는다. 몸무게는 물소가 450kg, 암사자 180kg이고 수사자는 250kg이다. 두 마리 합쳐야 물소 1마리 무게이다. 물소는 성질이 사나워 뿔에 부딪히면 목숨을 잃는다. 그러나 물소는 먹이일 뿐이고, 수백 마리도 사자 몇 마리에게 쫓겨 다닌다. **사자의 약점은 상대적으로 적은 몸집이지만, 물소의 급소를 공략한다. 물소의 강력한 뿔에 부딪치면 목숨을 잃을 수 있지만, 사자는 뿔을 피하면서 단번에 숨통을 끊어버린다.** 호랑이가 멧돼지를 공격할 때도 마찬가지다.

집회 주최자는 위의 사자를 보며 배워야한다. 사자는 약점을 철저히 피하고, 아웃복싱으로 결정적일 때 급소만 공격한다. 필자는 "동물의 세계" 및 "지오그라픽"을 자주 보는데, 싸움의 기술은 동물에게 배워야한다고 믿는다. 남미 밀림의 재규어가 거대한 악어를 잡을 때도 목덜미 급소를 물면 꼼짝하지 못한다. 힘이나 이빨은 악어가 훨씬 더 강하지만 급소를 물으니 먹이감이 될 뿐이다. **최강자 전투력을 배워야 산다. 기왕 시위하려면 상대방 급소를 물고, 빈틈을 줄땐 내가 당할 것이다.**

어쩌면 인간 세상은 거대한 "동물의 왕국"이다. 다만 법률로 통제할 뿐이다. 동물처럼 먹이감과 이권 앞에서 온갖 거짓말로 사기 치고, 돈 줄 생각을 않는 것은 상대방이 만만하게 보여서 그렇다. 이는 경찰관이나 검사에게 사기를 안치는 것을 보면 안다. 집회 시에는 동물의 왕인 사자의 힘과 지혜를 배워야 한다. **기왕 시위하려면 사자가 정확히 "목덜미"를 물어서 숨통을 끊듯이 약점을 공략해야 한다. 사자가 몸통이나 뒷다리를 잘못 물면 오히려 거대한 뿔에 받혀서 죽을 것이다!!**

집회에 **성공**하려면 **"물소 목덜미" 즉 급소가 어디인가를 철저히 연구하고 준비해야만 한다. 상대측이나 회사가 아파할 곳, 약점을 고민해서 정확히 물고 중간에 놓지 말아야한다.** 사생결단이므로 어설프게 풀어주면 본인이 당한다. 다만 예전과 다른 점은 본인이 상황을 주도하고 진퇴 여부를 결정할 수 있다. 혼자서 모든 것을 하려하지 말고, 경험자 또는 동료들과 머리를 맞대고 고민하며 진행해야 한다. **세상에 대충해서 되는 일은 없다. 사자가 물소를 제압하는 전략을 구사하시라!!**

4장 집회시위 실제사례

1. 집회 90건 사례분석

필자는 2020년 10월초 집회시위관련 1호 책을 발간하였다. **현재까지 총 600여회 시위를 직접 주관했다. 이곳에는 90개 다양한 실제 사례의 진행 내역과 시위 결과를 수록하였다.** 집회는 다양한 이유로 시작하지만 항상 문제점을 해결 받길 원한다. 따라서 시위결과도 간략하게 언급해서 궁금증을 해소하였다. 1호 책은 2011년부터 시작했지만, 2호 책은 최근 2024년 7월부터 거꾸로 올라가며 기재 및 분석하였다.

(1) 와콘폰지 사기범들 구속촉구 광역수사대 시위 (24년 7월)

〔진행 내역〕

다단계 폰지 사기를 당해서 살길이 막막한 피해자들이 24.7.22. 마포역 인근의 광역수사대에서 15명이 집회하였다. **폰지는 투자금을 돌려 막는 방식으로 후순위가 선순위를 배당하는 구조이다.** 나중에 투자자가 줄어들어 인출 불능사태가 되었고, 와콘 사기로 2만여명, 5천억 이상 피해가 발생하였다. **공동 대표자 2명은 구속되었으나 핵심모집책 10여명을 추가 구속하라고 시위했다.** 장마 비가 엄청 쏟아져도 열정적으로 참여하고 "와콘피해자 대책위원회" 단체와 "한국사기예방국민회"가 연합해서 시위하니 훨씬 좋았다. 2차 이후에는 자체적으로 집회하였다.

〔시위 결과〕

시위를 시작하니 수사팀장이 면담 요청하여, 적극 수사키로 약속했다!!

(2) 서울시청 2차, 둔촌주공apt 학교부지 공지화 반대 (24.7월)

〔진행 내역〕

서울시청 2차 시위는 2024.7.6. 700여명 나왔다. 장마철에 어린이 포함 가족들도 다수 나왔다. 특히 **이해식 국회의원, 이수희 강동구청장, 박승환 조합장** 등 나와서 서울시 불법적 처사를 규탄하였다. 5일전 서울시청 건너편쪽 역주행으로 9명 사망사고를 추도하는 가운데에도 강력 발언은 계속 되었다. 서울시에서도 지대한 관심으로 지켜보았다.

〔시위 결과〕

집회 영향으로 서울시의회에서 내년 교육청 재심의까지 공지화 보류함!!

(3) 둔촌주공재건축APT 학교용지 공지화반대 시청집회 (24. 6월)

〔진행 내역〕

국내 1위 12,032세대의 둔촌주공아파트가 24년 11월 입주를 앞두고 24.6.29. 서울청사에 600여명 모였다. 교육청에 기부채납한 중학교 부지가 학령인원 미달로 미인가 되었다. 그것을 서울시가 공지화해 강탈하려니 주민들이 결사반대했다. **필자는 사회를 보며 "서울시는 출산율 1위 강동구의 4만명 입주세대, 중학교 신설하라!"**등 외쳤다. 이해식국회의원 소개 및 다수 자유발언 등 진행하였다.

〔시위 결과〕

강력한 반대시위와 언론의 다수 보도로 유리한 여론 조성되었다!!

(4) 2억사기, 이중분양, 명의대여 처벌요구 파주시위 (24년 6월)

〔진행 내역〕

경제가 어려워질수록 사기피해자가 급증한다. **2억원 빌려줘서 준공까지 마쳤는데, 담보로 받은 고급빌라가 2중 계약되었다.** 24.6.9. 파주 당하리 시위 현장에 도착해 현수막을 치고 음악 트니, 65db 소음기준치 통제가 심했다. 상대는 도망가서 아무도 나오지 않았다. 결국 유치권 행사 중인 2층 베란다에 현수막을 걸고 마쳤다.

〔시위 결과〕

인근 주민들에게 건축주의 분양사기 실체를 알리고 압박하였다.

(5) 청사건립기금 타용도 전환반대: 평택시의회집회 (24년 6월)

[진행 내역]

예전 송탄시청 이였던 평택시의회 앞에서 2024.6.5. 150여명이 모였다. 평택시청사 건립기금을 조례 개정해서 타용도로 전용하려는 것을 고덕신도시 총연합회가 강력히 반대하는 시위했다. "주민 동의 없는 조례개정 시의회는 철회하라! 27년도 시청사 준공하라!!" 등 구호를 외쳤다.

[시위 결과]

평택시의회 관계자와 면담 및 총연합회 의견을 전달하였다.

(6) 방배동 성뒤마을개발, 대체부지요구 시청집회 (24년 5월)

〔진행 내역〕

성뒤마을 상인연합회에서 지난 4월 19일 SH공사 시위이어서, **5월 23일 이촌역에서 서울청사까지 100여명 행진하였다. 방배동 성뒤마을 재활용업체 30여개사 참여해, 대체부지 결정권이 있는 서울시장을 압박했다.** 날씨가 32C, 행여꾼과 깃발 들고 걷는데 무척 힘들었다. 서울시청에서 상인회장의 삭발투쟁 및 시의회까지 집회 후 15시 잘 마쳤다.

〔시위 결과〕

대리인과 시청측이 개발구역 내 대체부지의 지하 유치를 협의하였다.

(7) 필자 사무실 칸막이 방음공사요구 집회신고사례 (24년 4월)

옥외집회(시위 · 행진) 신고서 접수증		
접수번호 제 24-1810001-000102 호	접수일 2024년 04월 08일	접수기관 서울방배경찰서장
① 명 칭	악덕 건물주 사무실 칸막이 방음시설요구 집회	
② 개최일시	2024년 04월 11일 ~ 2024년 05월 08일	00:00 ~ 23:59
③ 개최장소 (시위·행진의 진로)	효령로 20(백각관빌딩 앞 인도상)	
④ 주최자 주 소	서울시 서초구 효령로 20 303호	
성 명 (단체명)	김한성 ( )	
⑤ 접수일시	2024년 04월 08일 13 시 48 분	
● 신고인원 - 6명		

〔진행 내역〕

방배동 필자 옆 사무실과 소음 차단이 전혀 안되어 몹시 불편했었는데 우연한 계기로 건물주에게 방음벽 공사를 요구하였다. 즉각 거부로 집회 신고하여 경찰관이 전화하니, 7일 지난 후 2024.4.21. 시공해주었다.

〔시위 결과〕

공사비 250만원에 완전 방음되니, 필자 건물주라도 집회➜ 효과만점!!

(8) 방배동 성뒤마을 대체부지요구 상여행진 시위 (24년 4월)

〔진행 내역〕

<u>방배동 성뒤마을 4만평을 공공주택으로 개발하면서 고물상, 석재상 등이</u>
<u>대체 부지를 요구하며 상여꾼 행진하였다. 2024.4.19. 필자측 15명 포함</u>
<u>100여명은 사당역에서 개포동 SH본사까지 걸어갔다.</u> 옛날 상여를 8명이
메고 무더위 속 사당역- 양재역- 매봉역- 대모산역 SH본사까지 4시간
걸으니 모두 지쳤다. 14시경 도착해서 "소상공인 대체부지를 마련하라!
공익목적의 재활용 업체부지 내곡동 등 허용하라!!" 외쳤다.

〔시위 결과〕

대규모 행진에 놀라서 SH공사가 만남을 거부하다가 대화를 수용했다.

(9) 법원 화해권고 1억원 약속대로 지급요구 시위 (24년 4월)

〔진행 내역〕

강남구청역 인근의 미래세ㅇ은 2019년부터 누적공사비 지급을 판사에게
약속한 후, 24년 2월말부터 매월 3300만원씩 갚기로 했으나 못 지켰다.
2024.4.5. 4명이 논현동에서 "악덕업자는 공사대금 1억 지급하라!! "고의로
안 주는 최대표를 처벌하라!!"고 외쳤다. 즉각 반응이 나왔다.

〔시위 결과〕

대표자가 각서를 써주고 일부를 입금시켜서 시위를 중단하였다.

(10) 평택시장: 고덕신도시 공약사항 이행요구 시위 (24년3월)

〔진행 내역〕

정ㅇ선 평택시장이 공약한 고덕국제학교 설립, 고덕복합 커뮤니티건립, 시청이전, 북부경찰서 신설 등 이행을 촉구하였다. <u>2024.3.26. 100여명 분노한 고덕신도시 주민들이 평택시청에서 "정시장의 공약 이행율 0% 왠말인가? 국가주도 2기 신도시에 개발지연, 축소를 책임져라! 국제학교 문제 등 적극 해결하라!!"등의 구호를 외쳤다</u>. 총선을 앞둔 시기이기에 선관위, 언론에서도 큰 관심을 가졌다. 고덕신도시는 삼성전자가 2022년 100조원 투자약속 했다가 차질이 생겨서 어려워졌다.

〔시위 결과〕

주민대표와 평택시장이 만나서 현안을 적극적으로 해결키로 했다.

(11) 광교산 법륜사 앞 애견까페 불허가 요구 시위 (24년 3월)

〔진행 내역〕

용인 광교산 자락에 있는 법륜사 앞에 신청한 100평 애견까페 불허가를
요구하며 수지구청에 모였다. 2024.3.14. 일문 주지승이 주최해 40여명
신도들이 두 번째 집회를 이어갔다. 법륜사 정문에서 불과 30m 거리에
까페가 들어서면 소음, 오염수, 악취 등으로 큰 피해를 볼 수 있다. 다급
하게 "수지구청장은 애견까페를 불허가하라! 신도들의 청정수행할 권리
를 인정하라!!" 등 외치며 무더위 속에 시위하였다.

〔시위 결과〕

일문스님과 수지구청장의 대화로 신도들 민원을 최대한 수용키로 했다.

(12) 신촌어학원 협상 불가로 서부교육청 옮겨 시위 (24년3월)

〔진행 내역〕

어학원 허가를 교육청이 하므로 공사비도 주지 않고, 개원한 것은 원인 무효라고 주장하며 "학원허가 취소하라!"고 요구했다. 2024.3.13. 11시 신촌역에서 이대역 인근 서부교육청으로 옮겨서 계속하였다.

〔시위 결과〕

경찰관의 적극 중재로 대화를 했으나 다시 법적 분쟁으로 이어졌다.

(13) 신촌역 영어학원 공사비 2.5억 지급요구 시위 (24년3월)

〔진행 내역〕

<u>어린이 전문영어학원 공사업자가 인테리어비 2억 5천만원을 16개월째</u>
<u>받지 못했다. 신촌역 인근 라ㅇ어학원에서 7명이 2024.3.11. 이후 연속</u>
<u>3차례 시위하였다</u>. 초기엔 공사비 잘 주다가 약속어음 수령을 거부하니
돌변하여 잔금도 주지 않고 쫓아냈었다. 그동안 민형사적 갈등을 겪었고
집회로 인한 이미지 추락으로 학원장이 전전긍긍하였다.

〔시위 결과〕

경찰관이 중재를 섰으나 감정의 골이 깊어서 진척이 별로 없었다.

(14) 벤틀리 차량 연대보증인 공무원 지급요구 시위 (24년3월)

〔진행 내역〕

동대문구청에 근무하는 최ㅇ주사를 대상으로 2024.3.5. 7명이 모였다. 아들 최성ㅇ는 벤틀리 외제차를 23년 7월 리스차 구매시 명의이전 안 되어서 6개월 후 승계하기로 했다. 그러나 이후 과속, 불법주차, 음주운전 사고로 8천만원 보험처리 불가로 4천만원 대신 물어줬다. 구청공무원 연대보증인 아버지가 책임지고 지급하라고 시위하였다.

〔시위 결과〕

구청 옆 시의회의원 중재로 대화했으나 최ㅇ주사가 창피하여 도망갔다.

(15) 당진골프장 악의적 공사비체불 지급촉구 시위 (24년 2월)

〔진행 내역〕

경량철골, 타일자재 납품 및 공사까지 했으나 8천만원 지급을 10개월간 계속 미루었다. 2024.2.28. 및 3.3. 5명이 2회 진행하였다. 초기 부친이 공사의뢰하고, 대금지급 시 대표를 바꾸어 "조카, 아들에게 받으라!"고 넘겼다가 전화도 안 받았다. 필자는 "고의적으로 공사비 체불한 ㅇ회장, 아들, 처남을 처벌하라! 가족 사기단 3인방을 구속하라!!" 외쳤다.

〔시위 결과〕

경찰의 적극적인 중재로 아들 대표와 만나서 정산하고 체불금 받았다.

(16) 홍콩증시연계 은행상품 ELS피해자, 여의도금감원 집회(24년1월)

[full] 홍콩 ELS 대규모 손실 사태 - 5조 원의 청구서 | 추적60분 1353회 KBS 240202 방송
조회수 31만회 · 3일 전 ...더보기

(KBS 추적60 : 보도 사진⇧)

〔진행 내역〕

홍콩 H주식과 연계한 은행상품에 투자한 15만명이 2024년 상반기에만 10조원 가운데 5조원 이상 원금손실을 보았다. 2024. 1. 19. 피해자모임의 사회자로 초청 받아 2부 사회를 보면서 삭발식을 무료 제공하였다. 피해자의 40%가 60대이며, 3년 전에 국민은행 등에 예금하러 갔을 때 창구직원이 "손해 볼 위험이 없다. 중국이 망하지 않으면 괜찮다." 말하며 원금손실 가능성을 알리지 않았다. 당시 주식이 12,000에서 5,000선으로 주저 않으니, 원금의 절반 이상을 손해 보았다. 즉 불완전 상품을 판매시 금감원이 감독권을 방치하였다. 나는 500여명 참가한 집회 사회자로 약자 위에서 군림하는 은행권, 금감원에 강력한 메시지를 전했다. 또한 70대 피해 할머니 두 분을 직접 삭발하면서 KBS, YTN, MBC 등 언론 및 방송에 크게 보도 되었다. 아주 보람된 진행이었다.

〔시위 결과〕

이날 집회결과 주요 언론이 높은 관심을 보였다. 이후 대통령실장 면담, 국회 기자회견 등으로 원금손실보상 가능성이 높아졌다.

(17) 역삼역 100억원 계약잔금 이행촉구, 무궁ㅇ신탁 집회(24년1월)

〔진행 내역〕

국보ㅇ와 무궁ㅇ신탁 계열사가 14개월 전에 기업인수 잔금을 미지급해서 역삼역에서 시위하였다. 24년 1월 16일부터 3일간 10명이 출근 시간인 08시 30분부터 고출력 엠프로 높이 외쳤다. "무궁ㅇ신탁그룹 ㅇ회장은 계약 잔금을 즉각 지급하라!", "탐욕스런 기업 사냥꾼을 처벌하라!!" 등 구호와 꽹과리, 북을 치며 적극적으로 진행하였다. 2일차에 눈발이 거세었지만 일사불란하게 시위하니, **상대측도 놀라서 주최자에게 협상을 요구해서 분위기가 좋았다. 벌써 계약 이후 1년이 지나서 민.형사적으로만 접근했으면 결과를 알 수 없으리라!** 의뢰인 이 회장도 매우 만족했으며 금감원 시위까지 하지 않아도 될듯하다.

〔시위 결과〕

잔금 기준 50%에서 **3일 집회로 10억 이상 올랐으며** 더 협상 중이다!!

(18) 강서경찰서 현직 경찰관의 직무태만 등 규탄 집회(23년12월)

〔진행 내역〕

현직 간부급의 지인이 의뢰해서 23.12.22. 강서경찰서 정문에서 5명이 시위를 하였다. 그날은 날씨 영하 10C 바람까지 불어서 엄청 추우므로 롱코트, 손난로 팩 등으로 중무장하고 나갔다. "업무시간에 주식방 운영하는 ㅇ팀장을 문책하라! 주식사기 피해금을 돌려주라!!"등 크게 외쳤다. 많은 시민과 경찰이 지나며 현수막, 진행팀을 쳐다보았다. 그 경찰관이 누구인지 대다수 알지만 당사자는 계속 버티었다. 주최자는 여기서 해결안 되면 서울경찰청 시위 및 형사고발을 거론하며, 경찰서장 면담을 요구하는 등 강하게 압박했다. 오후에는 민주노총의 "택시기사 분신 항의 행진"등으로 어수선 했지만 끝까지 잘 마무리 했다. 이렇게 의뢰인이 집회와 협상에 적극적으로 나서는 경우는 드물다.

〔시위 결과〕

집회로 인해 경찰서 청문감사실이 조사에 나섰다. 향후 진급 등 큰 불이익이 예상된다. 가장 좋은 방안은 서로 양보하고 타협하는 것이다.

(19) 도로무단점용 차량용역비 외 지급촉구, 시흥시청집회(23년12월)

〔진행 내역〕

저자의 선배가 의뢰해 23.12.18. 영하 12도 가운데 시흥시청에서 6명이 시위를 하였다. 6개월간 도로정비과와 대화했으나 진척이 없어 마침내 결단을 내렸다. 시청에서 무단으로 도로 점용해 장사하는 분들 단속용역을 주었으나 차량비, 퇴직금 정산을 받지 못했다. 특히 차량유류비 지급 규정이 명확하지 않았지만 공무원의 나태함이 큰 원인이었다. 진행팀은 08시 정각 도착해서 준비하고 출근하는 공무원들에게 "정비용역을 시키고 차량비, 퇴직금을 주지 않는 공무원을 문책하라!!" 등 크게 외쳤다. 특히 시흥시청은 건축물에서 앰프 소리가 울려서 효과가 극대화 되었다. 담당과장은 대화 경찰관의 면담 중재를 받아 들여서 의뢰인이 좋아했다. 시위는 결국 협상을 이끌기 위한 수단임이 증명되었다.

〔시위 결과〕

저자도 11시 협상에 참석했다. 도로정비과장은 퇴직금은 즉각 지급하고, 차량비는 선임 변호사에게 문의해서 그 결과에 따르겠다고 하였다.

-144-

(20) 풍림아이원APT 입주지연 대책촉구, 진천군청 집회 (23년11월)

⇧ **MBC 뉴스데스크 : 저자 인터뷰 모습**

〔진행 내역〕

진천풍림아이원 APT 2,450세대가 6개월 이상 입주지연되어 감독관청인 진천군수에게 항의하였다. 2024.11.17. 입주민 150명이 군청정문 앞에서 08시 20분 도착해 입주지연으로 인한 피해호소 및 대책을 촉구하였다. 이미 입주 예정일은 1개월 넘겼으나 시공사와 시행사는 정확한 입주일과 보상대책을 밝히지 않고 핑계만 대었다. 특히 방송에서 큰 관심을 갖어서 MBC 9시 뉴스데스크 등이 크게 보도했다. 이런 일을 할 때 저자는 집회 주관하는 일에 큰 보람과 자부심을 느낀다!!

〔시위 결과〕

진천군수와 주민대표가 면담하였으며, 관계자 대책위원회를 출범시킴!!

(21) 청량리ㅇㅇAPT 준공 불허가요구, 동대문구청 집회(23년11월)

↑ㅇ방송국 저자 인터뷰 모습

〔진행 내역〕

청량리 더퍼스트APT 주민들이 1개월~ 입주지연에 항의하며, 24.11.13. 50여명이 동대문구청 앞에서 시위하였다. 지연사유가 수방사 방공포설치 공사 때문이라고 했으나 허위로 밝혀졌다. 또한 입주기간도 일방적으로 10일 단축하였고 부실공사가 우려되며, 지체배상금도 주지 않아서 준공 검사를 불허가하라고 건축과에 전달하였다. 이런 경우는 법적으로 접근 하면 시간만 많이 소요되고 성과도 별로 없다. 시위를 하고 언론에 나오 면 책임이 따르므로, 담당공무원도 적극 반응하게 된다.

〔시위 결과〕

대화경찰관에게 요청해서 11시 대표단과 건축과장이 면담했다. **협상결과 1주일 후에 최종 답변을 준다고 해서 시위 해산하였다.**

(22) 동ㅇAPT 정비안 고시 철회요구, 서울시청 앞 집회(23년10월)

〔진행 내역〕

강남구청이 동ㅇAPT 대다수 주민의견을 무시하고 정비안을 서울시청에 올렸다. 2023.10.16. 50여명이 시청 앞에서 "서울시는 정비안 고시를 중단하라! 주민들 몰래 올린 정비안은 무효다!!" 등 구호를 외쳤다. 정비안 갈등은 강남구청이 102대 개방주차장을 추진하므로, 반대한 1천여건의 주민 공람의견서를 무시하는데 있었다. 더 큰 문제는 구청이 재건축 용적율을 올려준다고 정비안을 찬성하는 주민들과 내부대립이 극심했다. 따라서 의견통일을 이루지 못하였으며 시기적으로도 강남구청에 있을 때 좀 더 적극 시위하고, 반대하는 강경 투쟁을 했으면 좋았다.

〔시위 결과〕

주민대표와 서울시청이 협상하였으나 뚜렷한 소득 없이 마쳤다.

(23) 현대갤러리 호크니 전시탈취 철회요구, 코엑스집회 (23년9월)

〔진행 내역〕

영국 유명작가 호크니 전시회를 가로챈 현대백화점 계열사를 규탄하러 2023.9.6. 삼성역 코엑스 전시관으로 나갔다. 모두 10명은 현수막, 깃발 등 설치하고 유인물 300장을 배포했다. 중소업체 ○잭슨은 2020년 10월부터 한국 독점계약을 맺고, 현대측 계열사에게 기획안 등 공유하였다. 그러나 결국은 정보를 빼돌려서 호크니 측에 "우리가 4배를 더 줄테니 계약하자"고 하며 전시회를 가로챈 대기업 횡포였다. 나는 "현대백화점 측은 부당한 호크니 전시를 철회하라!! 100억원의 피해를 준 대기업의 중소업체 죽이기를 처벌하라!!" 등 구호를 힘차게 외쳤다.

〔시위 결과〕

시위와 언론, 방송사를 동원하고 특히 이철○ 국회의원을 통한 압박이 주효해서 결국 현대 측은 피해를 모두 보상해 주었다.

(24) 일본 후쿠시마 오염폐수 방류반대, 서울시청 집회 (23년 7월)

〔진행 내역〕

윤석열 정부가 허용한 "후쿠시마 방사능 오염수 방류반대"를 위한 서울
시청 앞 집회에 참석했다. 2023.7.1. 점심 때 갑자기 의뢰인의 간곡한
부탁을 받고 급히 피켓 3개, 유인물 만들어서 5명이 갔다. 시청역 주변
에는 1천여명이 연단을 지켜보며, 구호. 노래. 율동하고 있었다. 우리는
유인물 배포 및 피켓을 들고 동참하였다. "민심이 천심"이란 속담처럼
윤석열 정부는 국민과 하늘이 뜻을 거역해 반드시 업보를 받을 것이다.
참가자는 시위에 적극 호응하며 20시경 행진할 때 귀가했다.

〔시위 결과〕

윤석열 정부의 무능, 폭정에 대해 "대통령 심판"의 불씨가 될 것이다.

(25) 사기 피해자가 제3자의 사업장 앞 2억원 요구집회 (23년 6월)

〔진행 내역〕

유흥종사자를 대상으로 높은 이자를 받던 전ㅇ여사가 2억원이 물렸다. 차일피일 미루다 연락이 두절되어 돈 빌린 분의 ㅇ연남 사업장 앞에서 시위를 하였다. 2023.6.1. 5명이 시작해 5차례 이어졌으며, 이런 경우는 특이한 경우라서 상당히 흥미로웠다. 그동안 ㅇ연남이 딸까지 낳고 생활 비까지 계속 주었다고 하니 가능성이 높았다. 상대방도 시위하니 매우 당황하였고 부인까지 알게 되었다. 그러나 부정적인 반응뿐이어서 무척 실망스러웠어도 의뢰인이 워낙 강경해서 계속 진행하였다.

〔시위 결과〕

상대방이 반응이 없어서 결국은 민사 소송, 형사고발로 이어졌다.

(26) 용인조합 임시총회 개최안건 법원인용촉구 집회 (23년 6월)

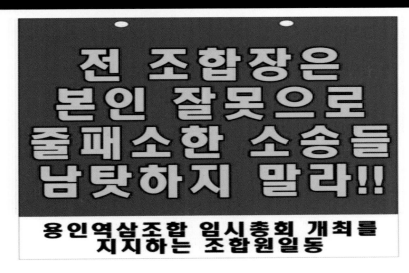

〔**진행 내역**〕

갑자기 용인ㅇ조합에서 요청이 들어와서 2023.06.19. 3명이 수원지법의 정문으로 갔다. <u>초여름 날씨가 엄청 더운 가운데 이재ㅇ변호사 사무소 앞쪽에서 시위하였다. 조합원은 ㅇ변호사와 조합장이 공모해 임시총회를 묵살하여 년간 매몰비용 300억원, 재산세 폭탄을 물게 되었다고 주장하였다</u>. 그래서 이재ㅇ변호사를 규탄하고, 법원엔 조합원의 임시총회 안건을 받아달라는 시위를 진행했다. 지도자 1명의 부패로 인해 조합원들의 물적, 정신적 고통은 이루 말할 수 없을 정도였다.

〔**시위 결과**〕

조합원의 법원 앞 시위로 조합장과 변호사가 사임하는 계기가 되었다!!

(27) 기장 파크골프장 승인철회요구 부산시의회 집회 (23년 6월)

〔진행 내역〕

부산시 기장군 명ㅇ리 파크골프장 승인을 강력히 반대하는 시위를 부산
시의회 앞에서 했다. 2023.6.8. 60여명의 주민들과 4명의 진행팀은 주민
들의 다수 권익을 무시하는 이ㅇ시의원과 의회의장을 강하게 비판하였다.
특히 이ㅇ시의원은 해당 지역구 시ㅇ의원으로서 주민의 입장을 대변해야
하나, 오히려 개발업자 편을 들어서 분노가 폭발하였다. 첫날은 아무런
반응이 없어서 두차례 계속 되었다.

〔시위 결과〕

부산시의회의 주선으로 대화를 하였으나 접점을 찾기가 어려웠다.

(28) 캄보디아 2억 투자사기피해자, 종로구청인근 집회 (23년 5월)

〔진행 내역〕

캄보디아 공동투자로 2억원 사기피해자가 종로구청 옆에서 시위하였다. 2023.5.22. 총 7명이 모여서 "이 빌딩 3층 SK온의 김재ㅇ고문은 젊은 사업가의 피 같은 돈 2억원을 돌려주라!! "해외투자 사기꾼을 처벌하라!" 고 외쳤으나 반응이 없어서 답답하였다. 돈을 투자하도록 만든 지인이 공범일 가능성이 높다. 캄보디아 투자에 공증까지 해 준다고 안심시키고 막상 송금하니 전화도 안 받았다. 이런 경우는 사기투자를 도운 지인과 사전 공모했으며, 그 피해금을 분배할 가능성도 있다.

〔시위 결과〕

2차례 시위에도 반응이 없어서 투자 권유한 분 사업장에서 시위하였다.

(29) 기장군 명ㅇ리 파크골프장 추진반대 군청사 집회 (23년 4월)

〔진행 내역〕

부산시 기장군청사 앞에서 명ㅇ리 파크골프장을 반대하는 5차례 시위를 하였다. <u>2023.4.10.~ 4.27일까지 3회, 2회를 나누어 집회를 진행했다. 해당 2만여평 토지는 군의회의장이 토호세력과 결탁한 의혹을 제기하며 골프장 추진을 포기하라고 강하게 요구하였다</u>. 박ㅇ의회의장이 나와서 의혹을 부인했으나 참여자들은 더욱 절실하게 시위를 이어갔다.

〔시위 결과〕

주민 대표와 문화복지국장이 면담하였고, 꾸준히 대화를 이어 나갔다.

(30) 윤석열정부 대일본 굴욕 외교반대 시청역 앞 집회 (23년 3월)

〔진행 내역〕

민지모(민주화를 지지하는 모임)에서 의뢰하여 수차례 서울 시청역으로 나갔다. 2023.3.4. 우리 4명이 현수막과 깃발을 준비해서 지정된 장소에 붙였다. 추정인원 1만여명이 "윤석열 정부의 핵오염수 무단방류 허용"을 반대하기 위해서 집결하였다. 현수막 문구는 "윤석열 굴욕매국 한일합의 중단하라!"등이다. 국민을 폭압으로 대하며 자기측 비리는 수사하지 않고, 반대파는 가혹하게 처벌하여 원성이 높았다. 시위현장에 나와 보면 윤정부의 무능과 부패를 충분히 느낄 수 있다.

〔시위 결과〕

이런 종류의 집회는 금방 결론이 나오지 않고 장기간 계속해야 한다.

(31) 윤석열정권 친일매국 행위규탄 서울시청 앞 시위(23년 2월)

〔진행 내역〕

검찰개혁을 약속한 윤석열 검찰총장은 취임한 후 배신하고, 조국 법무부 장관과 가족을 희생 제물로 대통령 되었다. **민주국가의 주인인 국민을 무시하고 경제, 외교, 안보 등 모든 분야를 파탄내고, 결국 친일 앞잡이 노릇하니 분노한 국민이 매주 토요일 1만여명 서울시청 앞으로 몰려왔다.** 2023.2.25. 우리 4명도 같이 나갔다. 비록 민지모 요청으로 참석했어도 "친일 매국정부를 규탄한다! 윤석열 퇴진!!"행렬에 동참하였다.

〔시위 결과〕

윤석열 정권은 무능과 불통은 결국 심판 받고 탄핵의 길을 열었다.

(32) 건설인력현장 체불노임 6천만원 지급촉구 시위 (23년 2월)

〔진행 내역〕

건설인력 사무소가 못 받은 노임 6천만원이 8개월 되었다. 계속 시간만 끌면서 전화도 받지 않았다. **남구로역 보ㅇ인력 대표와 우리측 4명이 2023. 2.23. 논현동으로 갔다. 현수막을 펼치고 시위음악을 크게 틀으니 모두 놀랐다. 현장소장이 달려오고 원청사 위ㅇ건설과 하청사 신ㅇ건설이 전화하였다.** 당장 커피숍에서 만나 노임을 내주까지 주겠다고 약속을 했단다. 하지만 차일피일 미루었기에 통장에 노임이 입금될 때까지 며칠 계속하라고 주문했다. 의뢰인은 그렇게 한다고 약속하였다.

〔시위 결과〕

의뢰인 보ㅇ인력이 내주부터 추가 시위한다고 약속하고 중단했다.

(33) 사이비종교 파룬궁 션원공연 국립극장 중단시위 (23년 2월)

〔진행 내역〕

중국 길림성 출신의 **파룬궁 교주** 李洪志가 서울국립극장을 빌려 홍보용 사이비종교 공연하는 것을 막으려 나왔다. <u>2023.2.16.부터 3차례 10명은 정문 앞에서 "국립극장은 사이비 종교 파룬궁 공연을 중단하라! 이홍지 교주는 창세주, 구원자가 아니다!!"등 크게 외쳤다.</u> 16시 공연을 시작해 마칠 때까지 유인물 나눠주며 위험성을 알렸다. 또한 "대관규정을 어긴 국립극장장은 물러가라!!"등 외치다가 어두워진 후에 귀가하였다.

〔시위 결과〕

이단사이비종교 대책위에서 격려 방문 등 반대 분위기가 확산되었다!!

(34) 부산지역 사이비종교 파룬궁 션원공연반대 시위 (23년 2월)

〔진행 내역〕

부산에서 열리는 사이비종교 파룬궁 홍보공연을 반대하기 위해 서울에서 2023.2.2. 06시경 10명이 내려가 3차례 진행했다. **센텀시티역 인근 소향시어터홀 앞에서 15명이 "파룬궁 광신도의 포교 공연 중단하라!", "자칭 구원자, 창세주라는 리훙지 교주에 속지말자!!" 등 외쳤다.** 사이비란 겉은 비슷하지만 가짜이므로 조심해야한다. 얼마나 많은 신도들이 속아서 시간과 돈을 낭비하는지 모른다. 현수막, 만장 등 높이 올리니 행인들이 관심을 보이고 파룬궁 신도들의 항의가 빗발쳤다!!

〔시위 결과〕

파룬궁 신도에게 속아서 공연 보려고 왔다가 돌아가는 사람도 있었다!

(35) 총회 없는 ㅇ인력협회장 직무중단 요구 시위 (23년 1월)

〔진행 내역〕

필자가 소속된 ㅇ건설인력협회가 10년 이상 남구로역 초대형 인력업소 중심으로 운영되었다. 중소형 인력업소의 권익을 위해서는 거의 일하지 않았으며, 정상적 총회도 없이 신임 강ㅇ협회장이 불법적으로 취임했다. 이를 시정하기 위해 2023.1.31. 필자 외 4명이 전, 현직 사무소 앞에서 "정상적 총회를 통해 협회장 선임하라!" 등 외쳤다.

〔시위 결과〕

대화로 해결되지 않아 "협회장 직무정지가처분"을 법원에 신청하였다.

(36) 영통역 현대APT 환승공사중단, 수원시청 시위 (23년 1월)

〔진행 내역〕

영통역 인동선 신설환승 공사관련 비산먼지 및 소음대책, 환기구 이전 등 수원시장 선거 때 약속을 지키라고 시위했다. 도우미 없이 필자 혼자 갔으며, 2023.1.30. 현대APT 주민 50명이 수원시청에 모였다. "수원시장은 선거약속 실행하라! 비산먼지 및 소음대책을 세우고, 환기구 이전하라! 지반침하 되는 터파기 공사 중단하라!", "아파트 입주민 무시하는 시공사와 공무원을 처벌하라! 완충녹지를 보존하라!" 등 구호를 외쳤다. 다수의 언론 취재진이 왔으며, 놀란 공무원이 대화를 요구하였다.

〔시위 결과〕

담당 안전교통국장과 주민대표가 대화를 통해서 해결키로 했다.

(37) 분양권 매수 입주자 자격취소항의 강남역 시위 (23년 1월)

〔진행 내역〕

<u>인천 청라지구 내 루원시티 아파트에서 분양권 사서 입주까지 마쳤으나
시행사가 소유권을 부정하고 "소유권이전등기말소 가처분신청"을 하는
황당한 사태를 항의하기 위해서 모였다</u>. 2023.1.6. 30여명은 강남역의
시행사 디ㅇ넥스 본사에서 "시행사는 입주자의 정당한 권리를 인정하라!
우리는 전매제한 기간 지난 후 권리를 승계 받은 적법한 권리자다" 등
구호를 힘차게 외쳤다. 이후 총 3차례 시위를 진행하였다.

〔시위 결과〕

경찰 정보관이 적극 중재하여 양측이 장기간 협상에 들어갔다.

(38) 추가 자재비, 인건비 정산요구 구로동 시위 (22년 12월)

〔진행 내역〕

황ㅇ건설 외 3개사는 판교에서 ATㅇ 사옥을 짓다가 추가 공사비를 받지 못해서 부도위기에 몰렸다. 그래서 발주처 구로동 본사 앞에서 2022.12. 14. 10명이 년말까지 12차례 집회를 계속했다. 첫날부터 날씨 -10이하, 바람도 세차게 불어서 체감온도는 -20도 이하였다. 시공사 한화건설은 계약상 공사비는 주었으나 자재비, 인건비 상승으로 인한 추가액은 준공 검사 후 준다 했으나 "발주처와 협의하라!!"며 발을 빼고 있었다. 그래서 어쩔 수 없이 집회를 계속 했으나, 황ㅇ건설은 자금난으로 결국 법정관 리가 되었다. 제주도 본사의 사장도 올라와 집회 참석하였다.

〔시위 결과〕

경찰 정보관이 적극 중재하고 노력했으나 일체 대화를 거부하였다.

(39) 공사비와 인건비 30% 추가요구 구로동 시위 (22년 12월)

〔진행 내역〕

폭설이 내리는 가운데 지속적으로 시위를 이어갔다. 추가 공사비와 인건비 8억원은 법정관리 업체에게는 생명수 같다. **집회를 계속하며 대화를 요청했지만 발주처는 요지부동이었다. 우리 진행본부는 협상팀을 꾸려서 하이엔드타워 7층의 ATo로 올려 보냈으나 대표자가 없으므로 대화가 곤란하였다.** 이렇게 12차례 집회를 소득 없이 마칠 수 없어서 경찰관, 협력업체가 한 몸처럼 움직이며 성과를 기원하였다.

〔시위 결과〕

여러 사람의 노력으로 겨우 발주처와 협상 창구를 만들었다.

(40) 카카오 원청사 앞 변경 공사비, 지급촉구 시위 (22년 12월)

〔진행 내역〕

카카오 판교사옥 인테리어 공사비를 못 받은 하청사가 원청사 다원ㅇ컴 역삼동 본사에서 시위하였다. 2022.12.12. 7명이 참석해서 "다원ㅇㅇ는 체불된 공사비 3억원을 지급하라!! 준공일 2개월 지났다. 즉각 해결하라!" 등 구호를 외쳤다. 만약 공사 잔금을 주지 않으면 발주처 카카오 판교 사옥에서 시위하겠다고 통보하며, 총 5차례 계속했다. 당시 날씨는 영하 10도 이하, 빌딩간 바람이 휘몰아쳐 훨씬 추웠다. 건물이 밀집되고 소리가 울려서 근처 입주자들의 시위반대 항의도 빗발쳤다.

〔시위 결과〕

카카오에서 집회 통보하니, 다원은 결국 협상으로 원만히 타결되었다!!

(41) 서울마을버스 살리기 大토론회, 저자 초청강연 (22년 11월)

〔진행 내역〕

서울시 마을버스운송사업조합에서 필자에게 시위관련 강의초청이 들어
왔다. 2022.11.29. 한국방송회관에서 100여명 사업자들께 "목적달성을
위한 효과적 시위 방안" 주제로 강연해 호응이 좋았다. 현재 마을버스는
"요금동결, 임금/유류비상승, 감차운행, 수입감소" 등으로 폐업위기였다.
따라서 서울시청을 상대로 어떻게 시위할지 그 방안을 제시해 주었다.

〔강연 결과〕

조합측 집행부가 모두 참석했으며, 구체적 시위방안을 자문해 주었다.

(42) 위례ㅇ타워 시행사 앞 용도변경 등 항의시위 (22년 11월)

〔진행 내역〕

위례신도시 중ㅇ타워 수분양자 피해민협의회에서 선릉역 인근 시행사를
대상으로 시위하였다. 2022.11.9. 15명은 카이ㅇ타워 앞에서 "업무시설
3개층을 근린생활로 일방적 용도변경 손해금 배상하라! 위례지역 최고가
분양하고도 임대유치 약속은 지키지 않았다. 책임져라!! 적반하장의 민.
형사 고소를 즉각 취하하라!!"등 크게 외쳤다. 행인들이 많이 쳐다보고
시행사도 사태의 심각성을 느끼고 먼저 대화를 요청했다.

〔시위 결과〕

3차례 시위 예정했으나 시행사가 요구사항 거의 수용해서 잘 끝났다!!

(43) 대기업 불공정거래 중단요구 한샘 사옥 시위 (22년 10월)

〔진행 내역〕

한샘 요청으로 바이러스 살균기를 개발한 오젠에게 4천대를 발주했다가 사장이 바뀌면서 계약 취소하였다. 2022.10.18. 12명이 28억원의 피해를 보상하라 시위했다. "한샘의 갑질, 계약횡포로 중소기업 다 죽는다! 대기업 불공정거래를 당장 중단하라! 남은 금형 다 가져가고 피해금을 보상하라!" 등 외쳤다. 더구나 완제품에 한샘 상표권 사용도 금지해 판매도 못하게 막았다. 폐업 직전에 몰린 임직원들이 모두 나와서 자발적 발언, 구호를 외치며 격렬히 항의하였다. 오젠 대표는 한때 한샘 본사의 중역으로 근무했으나 별다른 혜택이 없었다. 오직 투쟁뿐이었다!!

〔시위 결과〕

모두 8차례 시위했으며, 결국 양측이 서로 양보해서 원만하게 마쳤다.

(44) 시설물관리업종 폐지정책철회, 경기도청 시위 (22년 10월)

〔진행 내역〕

<u>교량, 항만, 대형건축물 등의 시설물유지관리 업종폐지에 항의하기 위해 경기도청에 모였다. 이미 세종청사 국토부 앞에서 10여차례 시위하다가 2022.10.4. 300여명이 강력히 항의하였다.</u> 모든 준비는 시설물 협회에서 하고 필자는 사회만 보았다. 당시 경기도청 국정감사장에 참석한 국토교통위원회 국회의원들을 대상으로 시설물유지관리 업종을 존속시켜 달라고 호소했다. "국토교통위 국회의원은 시설물업 폐지철회에 협조하라! 폐지정책을 즉각 철회하라!!' 등 구호를 외쳤다.

〔시위 결과〕

대화경찰관의 주선으로 국회의원 국토위 간사에게 의견을 전달하였다.

(45) 시설물업종 폐지정책 철회요구, 국토부 시위 (22년 9월)

〔진행 내역〕

94년 성수대교 및 삼풍백화점 붕괴사고 후에 시설물업유지관리특별법을 제정하여 이후 대형사고가 없었으나, **시설물유지관리협회 업자가 공사한 것을 정부가 건설혁신으로 업종폐지 및 전환을 추진했다. 전국 7,500개 사 6만명이 타업종 전환요구로 일자리를 잃을 위기였다.** 분노한 회원들이 세종청사 국토교통부 앞에서 3년간 20여회 시위했다. 필자는 사회만 보았고 2022년 가을엔 9월 21일~ 29일까지 4차례 연인원 1,500여명이 시도별로 나눠서 "업종폐지정책 철회요구" 시위를 이어갔다.

〔시위 결과〕

2021년 6월 국민권익위가 협회에 유리한 권고결정으로 사기충천했다!!

(46) 국토부 앞 시설물업종 폐지정책 철회요구 시위 (22년 9월)

〔진행 내역〕

시설물유지관리업종 폐지정책에 항의하는 관련사업자의 시위가 계속됐다. 문재인정권이 바뀌어 윤석열정부에서도 세종청사에서 원희룡 국토부장관 대상으로 시위하였다. 2024년 9월에는 더욱 강력히 "국토부는 부당한 시설물업종 폐지정책을 철회하라! 원희룡장관은 건설산업을 망친 권ㅇ국장을 파면하라! 종합건설업자만 이익 주는 건설정책국을 해체하라! 국토부는 국민권익위의 존속의견 권고사항 준수하라!!"등 외치며 항의하였다. 그러나 대형건설업체간 유착의혹 받는 국토부는 소극적이었다.

〔시위 결과〕

대한건설협회와 유착의혹 받는 국토부는 대화해도 큰 진척은 없었다.

(47) ㅇ건설인력협회장 이사진 퇴진요구 사업장 시위 (22년 9월)

〔진행 내역〕

필자가 소속된 ㅇ건설인력협회장은 퇴직 이후에도 영향력을 행세하려고 "무자격 학원사업자"를 억지로 임명했다. 이에 항의해 2022.9.7. 5명이 전 협회장의 강서구 ㅇ횟집에서 시위하였다. "집권 10년간 협회를 망친 족벌 이사진 퇴진하라! 무능한 집행부는 총사퇴하라! 상왕놀음 중단하고 탐욕을 자숙하라!!" 등 외치니 많이들 몰려나와 구경했다. 처음에는 안ㅇ전 협회장도 항의했으나 필자가 강력히 시위하니 물러갔다.

〔시위 결과〕

본 집회로 긴급이사회 개최해서 현재 협회장 등 사퇴한다고 발표함!!

(48) 공사비 체불금 8천만원 지급촉구 남양주 시위 (22년 8월)

〔진행 내역〕

<u>남양주시 별내면 고급빌라 공사비 8300만원을 7개월간 못 받아서 시위하였다. 2022.8.31.~9.2.까지 5명은 3차례 계속했으며 빌라 앞, 건너편에 현수막을 치니 눈에 잘 띄고 좋았다.</u> 상대측은 "공사비가 없으니 먼저 준공검사 받기까지 귀사가 선투입하라!!" 해놓고 약속을 지키지 않았다. 한마디로 배신을 때린 것이다. 시위하니 상대는 항의하고 훼방하였으나 담당 경찰관이 적극적 중재를 시도했다. 필자가 전국을 다니면서 지켜본 정보관 중에서 퇴임을 앞 둔 이곳 분이 제일 열심이었다.

〔시위 결과〕

시위 3일차에 상대측 변호사실에서 만나서 합의키로 약속하였다!!

(49) 치유농장 공사비 3천만원 지급촉구 파주 시위 (22년 8월)

〔진행 내역〕

<u>자재비, 노임 3천만원을 20개월째 못 받았다. 2022.8.27. 5명은 파주 ㅇ 농장에 도착했다. 의뢰인과 농장주는 수강생과 강사로 만나서 출판단지 인근의 치유농장을 마무리해 주었으나 잔금을 주지 않았다.</u> 집회현장은 주변에 민가가 전혀 없는 논이고, 행인도 없어서 주목을 끌 수 없었다. "ㅇ농장주 허대표는 공사비 즉각 지급하라! 처음에는 천사처럼 굴다가 나중엔 배신 때린 것 사죄하라!" 등 외쳤다.

〔시위 결과〕

경찰관이 허대표 농장을 들어가서 중재 했으나 만남을 미루었다.

(50) 사이비종교 전능신교 보은군청 기자회견, 시위 (22년 8월)

〔진행 내역〕

<u>국내,외에서 큰 물의를 일으키는 사이비종교 전능신교를 규탄하는 기자</u>
<u>회견, 시위를 2022.8.17. 10명이 보은군청 및 수련원에서 진행하였다.</u>
전능신교는 막대한 자금으로 보은군 산외면 길탕리 일대의 부동산을 대
거 매입했다. 시세 보다 더 높은 가격을 주고 매입해 신도들에게 무임금
노동착취하고, 정화시설이 안된 가축 오폐수를 방류한 의혹을 받고 있다.
참가자는 보은군청 기자실에서 "사이비종교 전능신교의 불법 부동산 대
거매입 규탄 기자회견"을 마친 후 군내 수련원으로 이동해 시위를 계속
하였다. 노컷뉴스 외 다수 언론이 취재, 보도해 주었다.

〔시위 결과〕

보은군청 및 감사원에서 부동산 매입 실태조사한 후 규제를 하였다.

(51) 보수,진보연합 윤석열정부규탄 대구백화점 시위 (22년 8월)

〔진행 내역〕

민지모에서 대구백화점 진보.보수연합 집회에 참석하여 달라고 하였다. 현수막 1개를 준비해서 2022.8.15. 3명이 18시경 도착하니 400여명의 인원이 나왔다. "윤석열 김건희 부부는 좌우 국민 모두 공공의 적이다! 윤석열 탄핵하고 김건희 주가조작 조사하라!!" 등 구호와 김용민 변희재 등 패널이 나와서 발언하였다. 우리는 대구백화점 앞에서 대형 현수막 들고 있다가 거리 행진할 때 20시 마치고 귀경하였다.

〔시위 결과〕

보수의 텃밭 대구에도 윤석열 정부의 무능, 부패에 실망감을 공유함!!

(52) 방음벽 철거요구 루원시티 사업단 앞 주민시위 (22년 7월)

〔진행 내역〕

인천시 청라지구 내 루원시티 아파트 대로변에 방음벽 철거를 요구하는 주민들의 시위가 6차례 계속되었다. 루원시티 아파트 분양 시 방음벽을 철거하는 조건부로 계약했으나, 도로인접 4개동 216세대 중에서 동의서 2개를 못 받았다고 방음벽 설치를 강행하였다. 2022.7.19. 15명의 분노한 입주민과 도우미가 해당 LH 사업단 앞에서 시위하였다. "한화건설과 LH는 9m 높이로 설치된 방음벽을 철거하라! 쇠기둥을 당장 뽑아가라! 우리는 목숨 걸고 끝까지 반대한다!!" 등 구호를 절실하게 외쳤다.

〔시위 결과〕

수차례 시위결과 LH, 지자체도 주민과 대화하며 긍정적으로 바뀌었다!!

(53) 포레스트o 골프장 토지사용료 지급촉구 시위 (22년 7월)

〔진행 내역〕

경기도 포천시 포레스트o 골프장 내 의뢰인 토지 1천여평의 사용료를 지급하라는 시위하였다. 2022.7.16. 15명은 골프장 입구의 다리 위에서 "88개월간 토지사용료를 즉각 지급하라! 골프장은 법원판결에 따라 토지 원상 복구하라!!" 등 구호를 외쳤다. 의뢰인도 4명의 양복 입은 젊은이를 데리고 와서 적극 도왔다. 그러나 골프장과 좀 떨어져서 아쉬웠다. 마칠 때쯤에는 소낙비도 내렸지만 최선을 다해서 진행하였다.

〔시위 결과〕

경찰의 적극 중재로 더 이상 시위를 진행하지 않고 협상하였다.

(54) 세종청사 시설물업종 폐지정책 철회요구 시위 (22년 7월)

〔진행 내역〕

국토교통부가 시설물유지관리업종 폐지정책을 추진해서 전국 7,200개 사업자 6만여명의 종사자가 위기였다. 2년 전부터 주기적으로 시위했으나 건설협회 유착의혹을 받는 건설정책국장은 요지부동이었다. 2022.7.4. ~ 7.15.까지 5차례, 연인원 1500여명 참석하였다. 7월 6일 3차 시위에서는 황ㅇ회장이 참석해, 국토부의 정문 진입 퍼포먼스하며 경찰 50여명과 대치하기도 했다. 16개 시도회장이 돌아가며 7월의 엄청 더운 날씨에도 파도타기, 사물놀이 등으로 흥을 돋우었다. 특히 국민권익위가 시설물유지관리협회가 유리한 권고사항으로 사기가 더욱 올랐다.

〔시위 결과〕

세종경찰서 중재로 건설정책국 관계자와 지속적으로 대화하였다.

(55) 청라지구 루원시티APT 방음벽 철거요구 시위 (22년 7월)

〔진행 내역〕

인천 루원시티 LH사업단 앞에서 비 오는 가운데 시위하였다. 2022.6.28. 총 12명이 나와 "루원시티 앞 시야 가리는 9m 방음벽 철거하라! 동의서 99.1% 받았으니 주민의사 존중하라! LH와 인천시는 사업계획 승인 시 방음벽 철거한 후 상가 위로 이설키로한 협의사항 준수하라! 우리는 저소음 특수도로설비와 도로포장의 30년 유지관리비 현금예치를 이행했다. 인천시와 LH는 입주민 의견을 수용하라" 등 크게 외쳤다.

〔시위 결과〕

시행사는 아파트 1128세대와 상가 207개를 분양하면서 조망권을 가리는 방음벽 철거를 약속했었다. 시위를 계속하며 피해민들을 결속시켰다.

(56) LH인천지역본부 루원시티APT 방음벽 철거시위 (22년 7월)

〔진행 내역〕

오늘은 루원시티 LH인천본부 사업단 앞에서 시위하였다. 인천시 가정동 루원시티APT 방음벽 철거권한이 인천본부에 있었다. 2022.6.21. 진행팀 5명과 주민 12명 총 17명이 나와서 09시 30분부터 본격적으로 시작했다. "LH 인천지역본부는 9m 높이 흉물 방음벽을 철거하라! 환경영향평가를 핑계로 100% 주민동의서 규정을 폐기하라! 온갖 갑질을 일삼는 루원사업단장을 문책하라!! 아파트 상가 피해를 보상하라!" 등 구호를 외치고 인천지역본부장과의 대화를 요청하였다. 다급해진 피해 주민들도 좀 더 적극적으로 분노를 표출하며 시위 동참하였다.

〔시위 결과〕

인천지역본부장 부재로 담당부장이 나왔으나 이쪽에서 대화를 거부했다.

(57) 청라지구 근생부지 PF자금 폭리이율 항의시위 (22년 6월)

〔진행 내역〕

청라지구에 오피스텔 등을 메리츠화재의 PF자금으로 공사해 분양했으나 분양율이 저조해 원리금을 제때 갚지 못했다. 이에 메리츠화재는 2%씩 추가 이자를 더 받아서 총33%, 69억을 더 내야했다. 2022.6.13. 10명은 여의도 메리츠화재 본사 앞에 모였다. 의뢰인이 "메리츠화재가 긴장하고 있으니 빨리 끝날 수 있다"고 암시하였다. 필자는 "살인적 폭리를 취하는 메리츠화재는 각성하라! 부당한 수수료를 대폭 줄여라!"등 외쳤다. 집회 시작 후 10분도 안 되어서 의뢰인이 달려왔다.

〔시위 결과〕

메리츠화재가 요구사항을 대폭 수용해서 시위를 중단하고 돌아왔다.

(58) 영통역 환승역 문제점 대책요구 국토부 시위 (22년 6월)

〔진행 내역〕

신설 전철 인동선의 영통역 환승역에 환기구 문제, 터파기 안전대책 등 제기하며 세종청사 국토교통부에서 시위하였다. 2022.6.2. 영통역 현대 아파트주민 20여명이 나왔다. 필자는 사회만 보았고 이전에도 5회 주거지에서 시위하였다. 국토부는 철도공단, 경기도청, 시공사의 총괄 책임이 있었다. "주민안전을 무시한 공사강행 중단하라! 지반침하로 APT 붕괴 우려된다. 국토부는 책임져라!!"등 외치고 강하게 항의하였다.

〔시위 결과〕

주민대표와 국토부 관계자가 면담하며 민원을 분명하게 전달함.

(59) 한화건설 본사, 철도공단본부: 영통역 주민시위 (22년 5월)

〔진행 내역〕

영통역 환승역 공사관련 제반 문제점에 대해서 항의하는 주민 30여명이 2022.5.30. 서울역 철도공단본부, 한화건설 본사에 모였다. "한화건설은 주민안전을 포기한 공사강행 중단하라! 입주민 의견과 재산권을 무시한 시공사를 퇴출하라! 아파트 10m 거리에 40m 터파기 공사를 중단하라!! 차음벽 등 대폭축소로 소음발생, 생존권 위협 받는다. 원상복구하라!"등 구호를 외쳤다. 중구 장교동 한화건설 본사에서 집회를 마치고, 서울역 뒤편에 철도공단본부로 이동해서 시위를 이어갔다.

〔시위 결과〕

한화건설은 대화를 거부하였고, 철도공단은 양측이 만나 대화하였다.

(60) 영통역 환승역 현대APT 피해주민의 항의 시위 (22년 5월)

〔진행 내역〕

동탄신도시와 인덕원역을 연결하는 신설 인동선의 환승역 영통역 인근 현대APT 주민들 피해가 심각했다. 2일전 처음 관리실장 연락을 받고 직접 방문해서 지반침하로 APT붕괴우려, 환기구 설치, 차음벽 제거로 소음발생 등 제반 문제점을 들었다. 2022.5.18. 엠프를 들고 현장도착하니 80여명 주민이 나왔다. 마침 지자체 선거를 앞두고 여야 후보가 나와서 이런 문제들을 해결하겠다고 약속하니 모두 좋아했다.

〔시위 결과〕

당시 수원시장 후보가 당선되니 공약을 안 지켜서 수원시청에서 시위함.

(61) 부산 가덕도 대항어촌계원 부당퇴출 항의시위 (22년 4월)

〔진행 내역〕

가덕도 신공항이 예정된 곳의 대항어촌계원 11명이 어촌계장의 비리의혹
을 제기한다고 보복성으로 계원자격을 박탈당했다. 황ㅇ대의원 중심으로
15명이 2022.4.14.~ 4.22. 총5회 마을회관 등에서 시위하였다. 대항어촌
계는 전국 1위 숭어 어획량으로 공개 입찰시 kg당 4만원 받는 것을 어
촌계장은 23,000원에 수의계약하였다. 매년 3~ 5월에 가덕도 어획량은
18만kg, 7억원이며, 의혹 제기한 계원들 11명이 모두 제명되었다. 참가
자는 "대항어촌계장은 수의계약으로 끼친 손해를 배상하라! 한통속 의혹
받는 조합장, 수협이사, 어촌계장은 사퇴하라" 등 외쳤다.

〔시위 결과〕

신공항 예정된 항구에서 시위하므로 언론, 방송에 크게 보도되었다.

(62) 부경신항수협 앞 어촌계원 부당탈퇴 항의시위 (22년 4월)

〔진행 내역〕

부산 가덕도 대항어촌계원 11명이 부당하게 조합원 자격을 박탈당했다.
피해자들은 어촌계원 자격심사를 보았던 부경신항수협 앞에서 2022.4.
18.~19일 2일간 강력히 항의하였다. "부경신항수협은 부당하게 퇴출시킨
11명 계원을 복귀시켜라! 수협조합장, 수협 이사, 대항어촌계장이 공모해
보복성 탈퇴시킨 조합원 자격을 원상 복구하라! 잘못 적용한 수협법으로
억울하게 강퇴 당하였다. 조합장이 책임져라! 한통속 의혹 받는 조합장,
수협 이사, 어촌계장은 사퇴하라!!" 등 구호를 외치고 항의했다. 지나는
행인들과 조합원들이 내용을 물러보고 수협 측을 비판하였다. 어촌계장
1명의 전횡으로 다수 어촌계원들이 피해를 호소하고 있었다.

〔시위 결과〕

수협 측도 대화에 적극 응하였고, KBS 등 방영되어 전환점이 되었다.

(63) 수협중앙회장 면담, 어촌계원 원상복구를 건의 (22년 4월)

[진행 내역]

집회 의뢰인이 주선하여 서울 송파구청 옆 수협중앙회에서 면담하였다.
2022.4.21. 15명이 14시경 만나서 수협중앙회장은 진지하게 경청한 후
관계자 4명에게 "실태를 철저히 파악해서 보고하라!" 지시했다. 피해자
들은 매우 좋아하였고, 구내식당에서 점심까지 대접받았다.

[시위 결과]

중앙회장의 특별지시로 조사 후에 조합원 자격회복을 받게 되었다.

(64) 대통령선거 패배 후 쇄신요구, 민주당사 시위 (22년 3월)

〔진행 내역〕

필자는 20대부터 민주당원이다. 2022.2.9. 0.7% 차로 민주당이 윤석열에게 패배하였다. 너무나 허탈하고 아쉬웠다. 민주당 패배의 책임 있는 윤호중비대위원장 되는 것을 막으려고, 조수ㅇ 김두ㅇ국회의원실 방문하였다. 이후 2022.3.18. 여의도 민주당사 수천명 시위에 참가해 검찰개혁 등 발언하고 구호도 외쳤다. 결국 행동하지 않으면 변화도 없다.

〔시위 결과〕

필자가 민주당 대의원 자격으로서 좀 더 적극 활동하는 계기였다.

(65) 조계종 정치승 대선개입 중단요구 조계사 시위 (22년 1월)

〔진행 내역〕

<u>필자는 시사타파 후원자이다. 이종원대표의 긴급 문자를 받고 2022.1.20. 종각역 조계사 앞에서 500여명 모였다.</u> "자ㅇ스님 대선개입을 규탄한다! 정치스님의 선거개입 중단하라!" 등 외치고 자성을 촉구하였다.

〔시위 결과〕

조계사를 촛불시민이 덮는다하니 비난현수막의 철수 등 큰 효과 보았다.

(66) 모델하우스 인테리어 공사체불금 5억 독촉시위 (21년11월)

〔진행 내역〕

서울역 인력업소 거래처가 모델하우스 공사비 5억원을 못 받아서 2021년 11월 12일부터 10차례 시위했다. 양재역에서 강추위에 7명이 장송곡을 틀고, 장례식 조화를 계속 세워두니 무척 곤혹스러워 하였다.

〔시위 결과〕

계속된 시위로 발주처의 주선으로 밀린 공사비를 거의 받았다.

(67) 마스크 사업비 3억 전용, 병원구입 항의시위 (21년 11월)

〔진행 내역〕

코로나가 한창 때 2020년 8월 3억원 투자하면 마스크를 싸게 생산해서 의약품을 납품하는 전국망으로 공급하겠다고 계약하였으나 서울ㅇ병원 구입비로 불법 전용하였다. 씨티팜ㅇ 직원포함 20명이 2021.11.14.부터 4차례 신림동병원 앞에서 시위했다. "서울ㅇ병원 실세 사기꾼 처벌하라! 마스크 사업자금을 병원 매입비로 전용해 수십억 챙긴 것을 토해내라!!" 등 구호를 외쳤다. 병원 측이 시위를 방해해서 경찰이 출동하였다.

〔시위 결과〕

당사자는 도망가고 병원은 재매각 되어서 협상불가로 형사고발되었다.

(68) 권익위 권고, 국토부 이의신청 기각요구 시위 (21년10월)

〔진행 내역〕

세종청사 국토부에서 2020년 7월부터 시설물유지관리업종 폐지정책에 항의하며 계속 시위하였다. 이에 국민권익위는 부당하다며 2029년까지 관련협회와 협의하며 업종전환을 추진하라고 권고했으나 국토부가 이의신청하였다. 2021.10.21.부터 3차례 필자는 사회만 보았고 50여명 협회원이 나와 "권익위는 국토부의 부당한 이의신청에 용기있게 기각하라!" 등 출근하는 공무원을 대상으로 힘차게 외쳤다. 중간에 필자가 가져간 엠프가 방전되어 메가폰으로 진행하는 등 전력투구하였다.

〔시위 결과〕

지속적인 시위에 힘입어 권익위는 결국 이의신청을 기각 처리했다.

(69) 세종청사 권익위 권고안, 국토부 수용촉구시위 (21년7월)

〔진행 내역〕

국민권익위가 시설물유지관리협회 요구안 거의 수용하였으나, 국토부가 의의신청했다. 2021.7.15~ 7.23.까지 7차례 세종청사 시위 때 필자는 사회자로 혼자 갔다. "국토부는 권익위 결정을 수용하라! 건설협회 유착의 혹 받는 건설정책국장 파면하라!" 등 구호를 힘차게 외쳤다. 삼복 더위에도 연인원 1천여명이 나왔으며, 코로나로 인원동원이 힘들어 "마네킹" 수백개 세워두니 언론, 방송에서 많이 보도해 주었다.

〔시위 결과〕

협회측 대표와 국토부 관계자가 대화시간을 통해 의견 조율하였다.

(70) 우미건설 입주민 부실하자공사 중단요구 시위 (21년 7월)

〔진행 내역〕

입주를 3개월 앞두고 하자부실공사 시정을 요구하며 도곡동 본사 앞에 모였다. 2021.7.1. 15명은 고양시에 타운하우스 520세대 공사하며 외부 침입에 노출된 1층의 안전우려, 이중주차 불만, 완강기 부재로 화재시 안전사고 노출, 출입방해 보안등, 무능한 현장소장의 문제점을 지적했다. 초여름 무더위에도 2차례 시위를 강하게 밀고 나갔다.

〔시위 결과〕

시공사는 입주자 대표와 만나서 요구사항 최대한 시정을 약속하였다.

(71) 정비구역 불법조례 재개정 요구 부천시청 시위 (21년6월)

〔진행 내역〕

처음으로 3곳에서 동시에 진행하였다. 2021.6.24.~25. 2일간 부천시청 동문, 서문, 북문에서 50명을 나눠서 사회자 3명이 별도로 시위를 했다. 부천시는 2018년 4월 정비구역의 직권해제가 가능하도록 조례를 개정하였으나, 상위법에도 없으므로 대법원에서 "위법한 처분" 판례도 있었다. 조합원들은 조례를 재개정해서 중단된 재개발을 추진하라 요구했다.

〔시위 결과〕

부천시청 관계자와 2차례 면담을 통해 조합원들의 의견을 전달하였다.

(72) 부부 주식사기단 수천만원 피해배상요구 시위 (21년 6월)

〔진행 내역〕

회사 주식을 사면 큰돈 번다는 말에 속아서 2,100만원 카드대출 등으로 넣었으나 주식증서도 없었다. 이런 사기는 증거 부족으로 못 받게 된다. 2021.6.10. 3명은 구로동 건물 앞에 대형 현수막 2개를 걸고 "이 빌딩 10층의 이회장 부부는 피해금 3천만원 즉각 배상하라! 저소득층 울리는 주식전문 부부사기꾼 처벌하라!!" 외치니 즉시 반응하고 난리가 났다.

〔시위 결과〕

상대측이 사기영업에 큰 지장되므로 원금에 **500만원 더 받아냈다.** ㅎㅎ

(73) 이빨치료 의료사고 관련자 피해보상 요구시위 (21년 6월)

〔진행 내역〕

<u>이빨관련 의료분쟁으로 교대역에서 2021.6.2.~8.까지 4차례 시위를 진행</u>
<u>하였다. 필자가 현수막 제작 등 의뢰하는 업체에서 4년 전에 억울하게</u>
<u>이빨치료 피해를 호소한 것이다.</u> 당시 우측 어금니 임플란트를 잘못 치
료해 통증이 계속되어 큰 병원을 다니고, 의료분쟁조정까지 신청했으나
거부당하며 치료비 의료혜택도 못 받았다. 피해자 포함한 3명은 교대역
사거리에서 무더위 가운데 초기 대화도 거절하며 시위하였다.

〔시위 결과〕

이미 의료분쟁조정까지 안 된 것을 무리하게 시위해서 결국 포기했다.

(74) 서울국립극장 공사비 5억원 체불금 독촉시위 (21년 5월)

〔진행 내역〕
문체부가 발주하고 평화건설이 시공사로 잡철물 하청업체 가온ㅇ 5억원 공사비를 못 받아 2021.5.18. 1차례, 시공 본사에서 5.24.~27.까지 4차례 시위하였다. 처음 국립극장에는 도우미 7명만 보냈으며, 서초동 평화건설 본사 집회는 필자가 주관해서 10명씩 참가했다. 평화건설은 천주교 카톨릭학원 산하 건설업체이므로 도덕성을 집중 비판하였다.

〔시위 결과〕
5차 시위 직전에 체불금의 90% 받기로 합의하고 원만하게 마무리했다.

(75) 세종청사 소형크래인 등록말소 철회요구 시위 (21년 5월)

〔진행 내역〕

세종청사 국토부에서 소형타워크래인협회원 50명이 2021.5.20. 모였다. 필자는 갑자기 사회자 부름을 받고 혼자 비오는 가운데 도착하니, 협회원들이 타워크래인을 세워두고 옛날 초상집 상복으로 시위하고 있었다. 원격장치로 가동하는 사업주의 소형크래인 369대 중에서 120대를 등록말소 시켜서 생계가 막막해 몰려나왔다. 통상 상복을 입고 시위할 때는 정말 다급해 다른 대안이 없으며 극단적 상황일 때이다.

〔시위 결과〕

타워크래인을 동원한 시위에 놀란 국토부와 집행부가 대화를 이어갔다.

(76) 공사비 잔금 20억 부당대출 피해배상 요구시위 (21년5월)

〔진행 내역〕

중랑구 신협이 86억원의 준공검사 대출을 실행하면서 시공사에게 약속한 공사잔금 20억원을 체불했다. **담보대출 때 신협은 "공사비 완납증명서" 등 받아야 대출이 나간다고 했으나, 통보 없이 전액 지급하였다. 유치권 행사까지 했으나 건축주가 강제로 신건장치를 부수고 폭력을 행사했다.** 2021.5.10.~ 17.까지 6차례 7명씩 시위하였다. 현수막을 걸고 큰 피켓을 들고 "신협은 부당대출 횡포를 사죄하고, 피해금 물어줘라" 등 외쳤다. 추후 필자 포함 "업무방해" 등 고발했으나 무혐의 처분되었다.

〔시위 결과〕

신협 측의 주선으로 건축주, 시공사가 만나서 체불금을 거의 받았다.

(77) 미국의 아시아계 인종차별 금지요구 2곳 시위 (21년 4월)

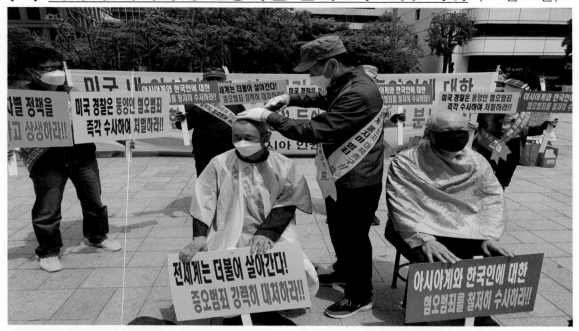

〔진행 내역〕

미국 내 아시아계 사람들에게 증오범죄와 인종차별을 중단하라며 평택역 및 미국대사관 옆 광통교에서 시위했다. 먼저 2021.4.16. 10명이 평택역 뒤쪽에 거주하는 미군들 대상으로 집회와 유인물을 나눠주었고 2021. 4.17.~21. 미국대사관 옆 광통교에서 10명씩 4차례 시위하였다. 아시아 인권연대 주관으로 "미국은 아시아계와 한국인의 혐오범죄를 철저히 수사하라! 미국 내 인종차별 정책을 모두 폐기하라! 미국 경찰은 철저한 수사로 아시아계 인권을 보장하라!!" 구호 외쳤다. 특히 처음으로 2명의 삭발식을 거행하여 그 심각성을 널리 알렸다.

〔시위 결과〕

언론에서 크게 보도하는 등 반향이 매우커서 의뢰인도 매우 만족했다.

-202-

(78) 신대방동 휴포레APT 입주민 동작구청 앞 시위 (21년 3월)

〔진행 내역〕

분양이후 무려 4년 공사를 끌다가 입주를 앞두고, 여러 민원으로 동작구청 앞에 모였다. 2021.3.30. 동작휴포레 300세대 입주민 가운데 10명이 참가해 1. 준공 전 완속 전기차 충전기 2대를 더 늘려라! 2. 1천명 사용하는 헬스클럽 50평을 100평으로 확장하라! 3. 동작구청장 시공사, 시행사, 입주자 대표 포함된 4자 협의체를 구성하라!! 등 요구하며 시위를 진행하였다. "동작구청장은 협의체 구성 등 민원을 적극적으로 해결하라! 시공사와 시행사의 갑질에 분노한다!" 등 크게 외쳤다.

〔시위 결과〕

동작구청 관계자와 입주민 대표가 만나 4자 협의체 구성 등 대화했다.

(79) 광명/시흥 신도시 지정철회요구 시흥시청 시위 (21년 3월)

〔진행 내역〕

정부는 2021.2.25. 광명시흥 특별관리지역을 공공주택 3기 신도시지구로 지정하였다. 해당지역 토지는 2010년 5월 개발제한구역에서 해제되었다. 권익위가 2021년 2월 "환지개발방식으로 취락정비사업을 추진하라!"고 권고했으나, 국토부가 일방적 묵살하고 강제수용 발표한 것을 반발했다. 2021.3.26. 토지주 50여명이 코로나로 인해 도로 건너편에서 호응하며 시흥시청이 신도시지정 철회에 적극 나서줄 것을 촉구하였다.

〔시위 결과〕

토지주 대표단이 시흥시장을 만나서 요구사항을 전달하였다.

(80) 인력업소 일당노임 고의 체불자 자택 앞 시위 (21년 3월)

〔진행 내역〕

인력업소를 대상으로 일당 노임을 떼먹는 자에게 현장 및 자택에서 시위하였다. 설날 직전 2021.2.10.부터 9품 165만원 노임을 계속 미루어서 설 이후 2월 18일 현장에서 시위하고, 3월 8일에는 구로동 자택 앞에서 3명이 피켓을 들었다. 결국 45만원만 받고 120만원은 노동청에 고발하였으나, 자주 거주지를 옮기고 조사에 응하지 않아 검찰에 고발되었다. 피해자는 모두 30명이나 되었고 법원에서 승소판결까지 받았다.

〔시위 결과〕

시위로 일부만 받고 노동청에 고발 및 법원 판결로 체당금 신청하였다.

(81) 공사비 체불로 타현장, 시공사에게 독촉 시위 (21년 2월)

〔진행 내역〕

특수한 경우이다. <u>타 현장 병원 인테리어 추가 공사비를 못 받아서 같은</u>
<u>시공사의 건설현장에서 시위하였다.</u> 2021.2.8. 3명은 논현역 인근의 다
우건설 시공현장에서 구호 등 외치지 않고 음악만 틀었다. "체불 공사비
즉각 지급하라! 우리는 자선단체가 아니다. 타일 목수 페인트 유리 자재
대금 지급하라! 추가공사 설계변경은 공짜가 아니다! 돈 없어 설날 고향
에도 못 간다!" 피켓도 들었다. 그러나 건축주 입장에서는 황당하기만
해도 시공사에게 "돈 주라"고 압박할 수는 있다.

〔시위 결과〕

2차례 시위를 했지만 시공사의 무관심과 건축주 압박으로 포기하였다.

(82) 성신양회 진입로 보상관련 3개 장소 순회시위 (21년 1월)

(종각역 인사동 본사)

(매포읍 채석광산↑　공장 정문↓)

〔진행 내역〕

2020.11.5. 처음 시위 후 3개월 협상 동안 서울, 원주, 단양을 오가며 **필자는 큰 협상력을 발휘했다. 예전 부동산 10년 경험이 큰 도움 되었다. 결국은 성신양회가 진입로 전체 부지를 매입토록 금액 조정하였다.**

〔시위 결과〕

10여차례 협상 후 2021.1.25. 부지 전체를 잔금까지 잘 치렀다.

(83) 일용근로자의 체불노임 지급독촉 신림동 시위 (20년 12월)

〔진행 내역〕

필자가 경영하는 인력업소에서 일 나간 일용근로자가 84만원 노임을 못 받아 해당 건물에서 시위하였다. 2020년 12월 신림동의 스포츠 맛사지 인테리어 공사장에서 일당 노임을 미루다가 전화도 안 받았다. 이처럼 고의로 일용근로자 일당을 떼먹는 경우가 많아진다. 필자와 함께 3명이 2020.12월경 현장에 도착해서 확성기로 외치고 성토하였다.

〔시위 결과〕

구인자가 도망가서 노동청 신고 후, 결국 법원 판결로 체당금 신청했다.

(84) 성신양회 진입로 감독태만 단양군청 규탄시위 (20년 11월)

〔진행 내역〕

단양군 매포읍 성신양회의 광산까지 진입로 수만평 구간을 18년 사용료 <u>없이 다녔다. 기존 협소한 농로를 채석광산의 덤프트럭이 다닐 정도로 확대 포장하면서 토지주 동의도 받지 않았다</u>. 이를 감독할 단양군청의 직무태만이라 주장하며 2020.11.5.~12.2.까지 군청 2회, 매포공장 2회, 채석장 1회, 서울 종각역 본사 1회 등 총 5차례 시위하였다. 특히 군청 고충상담실을 항의방문하고 산림과, 환경과에 만원을 제기하였다.

〔시위 결과〕

단양군청 산림과 등 압박과 본사의 지시로 매각협상을 시작하였다.

(85) 명ㅇ갈비 인테리어비 폭리 및 갑질 규탄시위 (20년 10월)

〔진행 내역〕

명ㅇ갈비의 인테리어비 폭리와 부실공사 등의 보상을 요구하며 2020.10. 21.부터 4차례 가락동 본사와 회장직영 대화점에서 시위했다. 상계점 김 대표는 3억원들여 오픈했으나 부실공사로 난로를 6개 피워도 소용없어서 폐업했으며, 타 피해자와 합동으로 진행하기도 하였다.

〔시위 결과〕

회장 직영점 시위결과 합의금 주기로 약속하여 대화로 해결되었다.

(86) 정기국회 경기도청 국정감사 시설물협회 시위 (20년10월)

〔진행 내역〕

경기도청 10월 국정감사 참석하는 건설교통위원회 국회의원을 대상으로
시설물유지관리협회 경지지부 40여명 회원들이 나왔다. 필자는 사회만
보았으며 2020.10.20. (구)경기도청 도착하니 수십개 만장, 피켓 등으로
주변 일대를 뒤덮었다. 선거유세 차량에서 지휘하며 "건교위 국회의원은
대한민국의 안전을 위해 시설물 업종폐지정책의 철회에 앞장서라!!"등
구호를 외치며 7,500개 회원사 생존을 위해서 적극 나섰다.

〔시위 결과〕

국회의원 출근차량에게 보이고, 건교위 보좌관에게 의견서 전달했다.

(87) 국토부 국정감사 시설물업 폐지정책 철회시위 (20년10월)

〔진행 내역〕

세종청사 국토부 국정감사 때 부당한 시설물업종 폐지정책 철회를 요구하며 충남지회장이 중심 되어 진행하였다. 2020.10.16. 필자는 100여명 참가자들에게 "시행령 개정으로 시설물 업종폐지는 위법하다. 즉각 중단하라! 건설교통위원회 소속 국회의원은 성수대교 붕괴참사의 재발방지에 앞장서라" 등 구호를 외치며 투쟁 수위를 높여갔다.

〔시위 결과〕

주기적인 시위를 계속하며 국감장 국회의원에게 의견을 전달하였다.

(88) 부산시청 국감 국회의원들에게 의견전달 시위 (20년10월)

〔진행 내역〕

부산시청에서 국정감사하는 건설교통위 30명 국회의원들에게 시설물업종 폐지정책의 철회를 요구하였다. 부산시지회원 100여명이 나와서 본격적으로 시위했다. 수많은 대형 피켓을 부산시청 건너편에 세우니 참으로 장관이었다. "의원님들 국민안전을 무시하는 국토부 정책을 중단시켜 주세요! 시설물유지관리업을 존속시켜 주세요!" 등 피켓을 세우고 목소리 높였다. 협회 집행부까지 한마음으로 전국에서 달려왔다.

〔시위 결과〕

국정감사 참석한 국회의원들에게 의견서를 전달하였다!!

(89) 세종청사 코로나 대비: 200여개 마네킹 시위 (20년 10월)

〔진행 내역〕

코로나가 극성을 부리던 2020년 10월초 마네킹 200개를 동원한 시위를 세종청사 국토부에서 진행했다. **2020.10.7. 시설물유지관리협회에 대한 업종폐지정책에 항의하는 상가집 퍼포먼스에 대해 연합통신 등 언론에서 큰 관심을 보였다**. 다양한 볼거리와 행사가 중요함을 보여줬다.

〔시위 결과〕

국토부 관계자와 대화는 없었지만 언론을 통한 압박을 하였다.

(90) 학원생 빼가기 항의, 강사 신설학원 앞 시위 (20년 8월)

[진행 내역]

특이한 경우이다. 예전에 학원 철거비를 체불해서 집회하니 주었던 당사자가 "자기 학원에서 학생들을 다수 빼가서 근처 새로 차린 강사의 학원에서 시위해달라!!"의뢰했다. 2020.8.13.~18. 5명은 학원과 자택 앞에서 4차례 현수막과 피켓을 들었다. 경찰관도 신설학원장을 만나며 적극 중재해 주었다. 처음엔 서로 잘 아는 관계로 만나기를 꺼리었다.

[진행 내역]

학원장과 강사이므로 결국은 대화를 통해서 해결키로 하였다.

5장 배포 유인물 27건 실제사례

1. 왜 유인물을 배포해야 할까요?

 시위의 목적은 위력으로 억울한 사정을 알려서 결과물을 얻는 것이다. 그러나 주변 사람들은 내용을 알 수 없어서 공감할 수 없으므로, 주장을 1매로 정리해 배포하면 효과가 크다. **상대방은 진실이 외부에 알려지는 것이 두렵고, 시민들은 실상을 알게 되어 협조한다.** 또한 대화경찰관은 상부에 보고할 근거이므로 좋아하며 협상시 압박 자료로 활용된다. **무엇보다 상대측 기선을 제압할 수 있다. 이런 부정적 내용을 계속 돌리면 상대방은 엄청난 스트레스를 받게 된다.**

그러나 잘못하면 역공의 빌미가 될 수 있다. 즉 허위사실, 과대포장은 명예훼손, 업무방해 등 고소 대상되므로 주의해야 된다. 따라서 집회를 신고하면 형법 제310조 "공익의 목적일 때 위법성의 조각" 사유이므로 걱정할 필요가 없다. 필자도 초기에는 유인물 효과를 잘 몰랐다. 어느 순간 효용성을 깊이 느끼고 적극적으로 의뢰인에게 권장한다. 지난 1호 책 이후 추가된 다양한 유인물 사례를 최근부터 소개한다. 아마도 독자들도 그 필요성을 공감해 주실 것이다!!

(1) **와콘 다단계 폰지 조직사기범 모두 구속하라!!**

저희는 폰지 사기를 당해 살길이 막막한 피해자들입니다. <u>그 피해</u> <u>규모가 2만여명 5천억 이상이며, 대다수 저소득층과 노인들입니다.</u> <u>오죽하면 와콘 피해자들이 단체를 만들어 시위를 하겠습니까?</u>

지금 이 사건은 경찰청 광역수사대에서 수사를 해서 대표자 2명을 7월 17일 구속했으나, 그 핵심 모집책 10여명은 활개치고 있으며 또 어디서 폰지 사기를 칠 것으로 보입니다. 따라서 신속하게 핵심 모집책들을 추가 구속시키지 않으면, 범죄 수익금을 **빼** 돌리고 추가 피해가 계속되어 억울한 피해자가 늘어날 겁니다!!

와콘이더리움 회사는 강남 테헤란로에 본사 3곳, 전국 10개 지사를 두고 2만여명의 투자자를 유치한 사기전문 기업입니다. **주로 저소득** **층, 고령층의 노후자금, 자식 결혼자금, 이사자금과 카드론 대출,** **수술비 등으로 5천억~ 6천억 자금을 유치하였습니다**.

이들은 티핑이라는 사이트로 40일 30%, 메인이더넷 43일 7% 복리 이자를 주겠다는 등 유혹했습니다. 홍콩, 마카오 카지노사업 수익금 으로 배분하겠다고 했으나 모두 사기였습니다. 와콘은 2023년 6월 출금 정지되었으나 "어게인 와콘"으로 이더체인, 체인플러스 등으로 이름만 바꾸어 최근까지도 사기, 유사수신 행위를 지속했습니다.

지금도 강남 테헤란로에는 유사 폰지사기, 유사수신 등 계속 영업 으로 누구나 피해볼 수 있습니다. **광역수사대는 대표자 구속 외에,** **신속한 수사로 방조범들 전원구속 및 피해금을 추징, 몰수하여 피** **해자가 회복되도록 해야 합니다.** 이를 **위해선 관련법을 개정해서** **양형 기준을 대폭 상향해야만 합니다.** 우리 와콘피해자들과 한국 사기예방국민회는 연합해서 끝까지 함께 싸울 것입니다!!

2024. 07. 22.   **와콘피해자 대책위원회 일동**

(2) 둔촌주공 재건축APT, 학교용지 공지화 추진철회!!

1. 서울시는 둔촌주공재건축APT 기부채납용지의 공지화 추진을
즉각 철회하라!!

2. 서울교육청은 보도자료에서 서울시의 공공 공지 지정은 관련 법률을 위반하고, 학습권 침해로 판단했다. **교육청안 수용하라!**

3. 서울시는 **학교용지 확보관련 특례법** 따라 **교육감과 협의해야**하며, **개발사업 승인권자는 교육감과 협의의견을 반영해야**함. 관계법 준수하라!

4. 서울시 출산율1위 강동구! 학교 없이 되겠는가? **서울시장 각성하라!**

5. 서울시는 남의 땅 가로채기 중단하고, 공지화 추진을 당장 철회하라!

6. 대통령은 "인구비상사태"를 선포했는데, 학교 없이 출산되겠냐?
오세훈 서울시장은 학습권을 보장하라!!

7. 원래 이 땅은 서울교육청과 재건축조합이 2014년 학교용지로 기부채납 협약한지 10년지났다. 중학교 신설하고 **공지화 철회하라!**

8. 서울시는 **입주민**의 **의견수렴 절차가 없었다.** 갑질행정 사과하라!

2024. 7. 6.

올림픽파크포레온 입주예정자협의회 일동

(3)   **2억원 금전사기/이중분양** 및 **명의대여자 처벌하라!!**

피해자는 2억원을 빌려주며, 담보물건으로 파주시 당ㅇ동 2ㅇ-1 델라ㅇㅇ 101동 102호에 대한 수분양 계약서를 작성했습니다. 당시 최광ㅇ 찬ㅇ 건설 대표는 건축주이며, 임우ㅇ은 명의 대여자입니다.

피해자는 최광ㅇ과 임우ㅇ을 부동산실명제 위반, 사기 등으로 고소하였으며, 비슷한 상황으로 다수 피해자들이 있습니다. 고의적인 **이중 분양 계약서를 작성한 최광ㅇ과 임우ㅇ은 피해금과 지체이자를 신속히 돌려주어야하며, 형사처벌을 각오해야 할 겁니다.**

현재 피해자가 계약한 델라ㅇㅇ 101동 102호에는 이중 계약한 타인이 거주하여서, 피해자는 부득이 101동 201호를 당사 직원이 유치권 행사하며 점유하고 있습니다. 분양계약서에는 2억원이 계약금이며, 매도인이 약속을 어긴다면 **분양 계약금의 배액을 변상**한다고 했으므로 **4억원** 및 추가 손해배상을 해야만 합니다.

- 집회 구호 -

1. 고의적으로 분양사기 친 최광ㅇ, 임미ㅇ 외 동조자 처벌하라!

2. 피해금 4억원 외 손해 즉시 갚아주고 피해자에게 사죄하라!!

3. 경찰은 고발된 부동산실명제 위반, 사기 등 철저히 조사하라!!

4. 고의적 금전사기, 이중분양, 명의대여 등 범죄자를 구속하라!

5. 건축주 명의대여 등 실정법을 어긴 자들을 강력히 처벌하라!

6. 분양계약서를 믿고 계약한 피 같은 돈을 즉시 돌려주라!!

2024. 6. 9.

피해업체 [주]퍼ㅇ산업개발 임직원 일동

(4)   평택청사건립기금 설치 등 조례개정을 결사반대!!

평택시의회는 청사건립을 포기했는가? <u>최근 평택시의회는 청사건립설치 및 운용에 관한 조례 일부를 개정해 행정타운 및 시의회, 행정복지센터의 건립기금으로 활용하려 한다.</u> 이에 **고덕신도시 총연합회**는 조례개정(안) <u>폐지를 강력히 요구한다. 조례 개정이 되면 그동안 적립한 청사 기금은 행정타운 이전과 8개 지역 행정복지센터의 건축에도 사용하게 된다.</u>

평택시의회는 왜 조례 개정하여 행정타운의 건축기금으로 사용해야 하는지 상세히 설명하라! 조례 변경(안) 추계표를 보면 건립기금 사용에 대한 계획을 기준으로 기금 적립액을 표기했을 뿐, 기금 마련에 대한 구체적 방안은 전혀 찾아볼 수 없다.

또한 **평택시와 시의원은 24년 5월 고덕국제신도시 현안관련 주민설명회에 참석해 27년도 말까지 행정타운 준공을 약속했다.** 그러나 조례 개정하면 행정타운 준공이 지연되므로 그 개정 사유를 명백히 설명하라!! 따라서 주민들의 동의 없는 조례 개정(안)은 절대로 인정할 수 없다!!

따라서 **평택시는** 지금까지 청사건립 기금의 년도별 적립액과 사용액 및 향후 기금 확보방안 그리고 27년 준공까지의 구체적 일정을 공개하라!!

이에 우리는 다음과 같이 요구한다.
1. 청사건립 기금을 행정복지센터 건축에 사용하는 조례 개정(안)을 철회하라!
2. 청사건립기금 확보 방안을 조례에 강제조항 넣어 건립에 차질이 없게하라!
3. 어떤 예외적 상황도 불가하다. 27년도 행정타운 준공을 반드시 진행하라!!

우리는 평택시와 의회가 우리 목소리에 귀 기울이고, 고덕신도시개발을 최우선 결정하길 강력히 촉구한다. 우리는 고덕신도시의 미래를 위해 계속 싸운다!!

2024. 06. 05.

고덕국제신도시 총연합회 일동

기금확보 계획없는 조례개정 반대한다! 기금 핑계 그만대고 27년 준공하라!
조례개정 왠말인가 시의회는 각성하라! **조례개정 포기하고 기금부터 확보하라!**
누구위한 조례 개정? 시민들은 울고 있다! 청사 건립포기 무책임 시의원 물러가라
주민 동의 없는 조례개정 시의회는 **철회하라!!**

(5) 서울시는 대체부지를 제공하라!! (보도자료)

1. 연합회는 서울시장을 상대로 대체부지를 제공할 것을 요구하며 2024. 5. 23(목) 12시 서울시청에서 100여명이 상여 시위를 한다. 서울시와 SH공사는 방배동 성뒤마을을 공공주택지구로 지정 및 개발하면서 공익목적의 재활용품업체를 대안 없이 강제로 내쫓고 있다. 인근 서초택시 등은 공익목적의 사업장 대체부지를 마련해 주었다. 현재 성뒤마을 내 재활용업체는 강남, 서초, 동작, 용산, 관악구 등의 아파트, 상가, 사무실의 재활용품(폐지, 플라스틱, 켄, 빈병, 고철, 비닐)을 1일 300톤, 5톤 집계차 280대 정도 처리한다. 갑자기 철거 시 재활용폐기물 대란이 불가피하다.

2. 서울시가 대체부지를 제공할 수 있는 핵심사안은 "공익성"이다. 일반적인 택시업체, 마을버스만 공익성 사업이 아니다. **오히려 음지에서 궂은 일하는 친환경 재활용분리작업장은 진정으로 공익사업이라 할 수 있다. 상인연합회의 조사결과 내곡동, 서울추모공원 근처에 대체부지를 활용할 공간이 충분했다.** 서울시는 서초구청과 SH공사도 인정한 "재활용업체의 공익성"을 믿고, 적극적 행정으로 우리의 요구사항을 수용할 것을 재삼 촉구한다!!

3. **성뒤마을의 재활용업체는 30여개, 종사자와 가족은 2천여명이며 대체부지를 해결하지 않으면 생계에 지장이 크다.** 이곳 4만여평은 용적율 200% 1,600세대를 건축해서 2028년 입주할 예정이다. 현재 SH공사와 서울시는 서민주택공급 명분으로 또 다른 서민들을 길거리로 내쫓고 있다. **우리 상인연합회는 그동안 서초구청, SH공사까지 행진시위를 통해 목숨 걸고 투쟁하는 모습을 보여주었다.** 오세훈 시장은 지금이라도 사안의 심각성을 느끼고, 대화를 통해서 원만하게 사태를 마무리해 줄 것을 강력히 촉구한다!!

2024. 5. 23. **성뒤마을 상인연합회 및 소상공인 일동**

(6) SH공사는 대체부지를 협조하라!!

▶**수용부지:** 방배동 성뒤마을 4만여평은 2017년 SH공사가 공공주택지구로 지정했다. 금년 3월 29일 서울시는 제2차 공공주택 통합심의위원회 열고, 지구계획변경안 승인하였다. <u>용적율200% 평균 15층이하, 공급 1,600세대이다.</u> 이중 공공주택900세대, 민간700세대이다. 내년도 주택건설사업 승인, 2028년도 입주 예정이다.

1. 이곳은 1960~ 70년대 강남개발이 이뤄진 뒤 삶의 터전을 잃어버린 이주민이 정착했다. <u>작년도 토지보상까지 완료됐으나 고물상, 석재상 자영업자는 SH가 제시한 이사비 명목의 초기 현금보상안을 거부하고 생업 이어갈 대체부지를 달라 주장했었다.</u> 성뒤마을 내 점포는 30여개이며 상인연합회를 가입해 집단투쟁을 벌인다. 토지주는 보상 완료했지만, 지난 20~30년간 땅을 임차해 장사한 상인들은 수천만원~ 최대 2억원 헐값 보상안이 전부였다.

2. 일례로 SH가 지장물 조사를 거쳐 중고라는 이유로 고물상 특수저울 2500만~ 3000만원 구입한 것을 300만원 평가해주었다. <u>연합회는 재활용사업의 공공성 차원에서 이주택지 즉 생업을 유지할 수 있는 대체부지를 달라고 요구한다.</u> 인근 서초택시 등은 공익목적 사업장이라 대체부지를 마련해주었다. 강남, 서초, 동작, 용산, 관악구 등 아파트 상가 사무실 등 재활용품(폐지, 플라스틱, 켄, 빈병, 고철, 비닐 등) 하루 300여톤, 5톤 집계차 280여대이다.

3. 이곳은 재활용이므로 SH와 서초구청도 공공성은 인정했다. 현재 재활용 30여개업체의 종사자와 가족 2천여명은 생계지장을 받는다. 갑자기 철거 시 재활용폐기물 대란도 불가피하다. 상인회 조사결과 **내곡동, 서울추모공원** 근처 **대체부지로 활용할 공간** 있으므로, 관계 기관의 협조바라며 금년 6월 말까지 명도는 절대 불가하다!!

2024. 4. 19. **성뒤마을 상인연합회** 및 **소상공인 일동**

(7) # 평택시장은 공약 준수하라!!

*집회사유: 고덕신도시는 참여정부 때부터 지정한 **2기 신도시**이다. 그러나 **초기개발계획을 지연**시키고, 평택시 내 타지역과의 균형개발이라는 명목으로 고덕국제신도시 방치한다. 따라서 **국제학교 협상결렬, 특목고 사업장치, 시청 이전사업 지연, 북부경찰서 신설이 지연**되고 있다!!.

정ㅇ선 평택시장의 공약사항도 진척이 없다. 당시에 **고덕신도시와 교보생명 간 도로개발, 고덕복합 커뮤니티 건립, 고덕국제학교 설립, 도심공영주차장 확대 등 시장 취임 2년간 이행되지 않았다.** 고덕신도시는 개발지구가 아닌, **2기 신도시**이다. 참여정부 이후 신도시 방치한 경우는 없었다.

1. 입주 5년차에 허허벌판 왠말인가? 평택시장은 공약 이행하라!!
 (정시장 고덕신도시 공약이행율 0% 돈없다 변경, 연기. 개발계획대로 진행하라)

2. 국가주도 고덕신도시에 개발지연, 변경, 축소가 왠말인가?
 (평택시장은 **LH 떠넘기지 말라!** 진위엔 1300억 체육공원, 고덕=계획 체육공원✕)

3. 평택시는 개발 호재로 사기친 것에 대해 책임져라!!
 (시장은 고덕주민 신경쓰지✕ 어린이=콩나무교실 힘들고, 어른=체육,문화시설✕)

4. 평택시장은 국제학교 문제 등 적극적으로 **해결하라! 신경써라!!**

5. 평택시는 고덕신도시에 약속된 개발계획을 즉시 실행하라!!

6. 평택시장은 특목고 개발부지 문제 등 신속히 행동하라!!

7. 평택시는 고덕 국제신도시의 밝은 미래를 위해서 실천하라!!
 (제일 하등급= 언행 불일치형 인간! ➜ 일종의 대국민 사기!!)

8. 평택시는 국제학교 협상결렬 원인파악, 신속히 대응하라!

2024. 3. 26.

고덕국제신도시 총연합회, 입주자대표회의/입주예정자 협의회 일동

(8) # 수지구청장은 애견까페 불허가하라!!

1. 광교산에 법ㅇ사 30m 앞 **애견까페 준공허가를 불허가 하라!!**

2. 수지구청은 애견까페의 직접 **피해자 법ㅇ사 민원을 수용하라!!**

3. 신봉동6ㅇ 애견까페는 음식까페 공사허가를 받고 애견까페로 용도 변경함. 지하수= 법ㅇ사 물부족 (초파일 부처님 오신날 **1천명 신도**와 시민이 점심 후 **법회**여는데, 설거지 **물부족 1회용 그릇사용** 등) **예견되는 소음, 분뇨, 악취, 개울에 오폐수 방류 등으로 애견까페 반대한다!!**

4. 공무원 주임무는 민원해결이다. 수지구청장은 사찰앞 혐오시설 200평 규모의 **대형 애견까페를 불허가** 하라!!

5. 개짖는 소리가 엄청 나는데 청정수행은 어렵다. 수지구청장은 법ㅇ사의 **스님과 신도의 정당한 민원을 반영하라**!!

6. 수지구청은 답변서
*환경관리팀: 강아지 **분뇨의 하천유입 안되게▶ 분뇨처리, 사업장 청소** 등 강력권고! 우리 부서는 **수질요염여부 수시로 확인**함!!
*경제유통팀: 동물소음 - 규제대상✕, 행정처분 곤란- 향후 문제시 계도!

*건설방재팀: 지하수 이용 준공신고- 적법한 절차의거 처리!!
*하천처리팀: 배수설비 설치신고 수리된 설치 조건이행 조건부 통보!!

7. 법당 앞에 울타리, 방음벽 미설치로 소음,분뇨,악취, 개물림 사고예상
- 애견까페 짓는데 **아름드리 수목제거로** 신행, 스님 생활공간 고스란히 드러남! **왜 애견까페 1곳 때문에 수백명 신도가 고통 겪어야 하는가?** 공익차원에서 애견까페의 **불허가 타당하다. 민원 즉각 수용하라!**

2024. 3. 14. **법ㅇ사 환경수호대책위원회 스님, 신도** 일동

(9)　　　**라즈어학원은 공사비 즉각 지불하라!!**

1. 악덕, 갑질 라즈 어학원은

20개월간 체불한 공사비, 노임 2.5억원➔ 즉각 지급하라!!

　　　- 어학원 인테리어 공사업체 = 아이스ㅇ 임직원 및 피해업체 일동-

2. 유치원생에게 부끄럽다!　밀린 공사비, 노임 지불하라!!

3. 갑질 일삼고 다니는 악덕업자! 이런 못된 자를 처벌하라!!

4. 공사금 떼먹고 도망 다니는 남ㅇ계약자는 체불금 해결하라!!

5. 인성 문제자에게 어린이 교육이 왠말인가? 업계에서 퇴출하라!

- 사건 개요 -

1. 2022년 6월 ㅇ일 라즈어학원 공사 착공한 후 7월말까지 상호간 원만하게 공사진행함. 오히려 <u>7월 20일 2차 중도금 지급부터 남모씨는 "돈이 없으니 빌려야한다."</u>며 처음 계약서에 없는 각종 공증계약서 등 요구하며, 나머지 공사비를 "약속어음"으로 주겠다고 해서 거절함.

2. 약속어음 계약서에도 없었고, 요즘 누가 어음으로 공사 진행하는가 불가통보!! "돈이 부족해 5천만원씩 미루겠다고 해 그것도 불가통보함!! 그 이후 동행한 권ㅇ대표가 "자기라도 빌려주겠다."고 돌아감. <u>이후 7월 20일 약속된 1억 5천만원이➔ 1억원만 입금됨!!</u>

3. 공사는 벌써 마감이 진행되는데 중도금조차 주지 않아도 하루도 쉬지 않고 공사함. 이때 냉난방기 업체도 돈을 못 받아도 불평함. <u>이때부터 계약에 없는 **공용화장실 공사 요구**하고 8월 2일 중도금 미지급 동시에 입학설명회 끝나면 공사중단 소문남</u>▶이메일로 **계약이행 촉구를 무시**함.

4. **중도금, 잔금 미지급으로 유치권행사**(현수막)했으나 뜯어버리고 장비, 자재들도 남겨진채 현장에서 쫓겨남. 당일에 계약해지를 카톡으로 통보받았고, 변호사선임 20개월째 민.형사 소송 진행함. 재판 불출석, 노동자 생활고, 신용불량자/압류 등 회사 문닫기 직전이라 집회/행진 예정!!

2024. 3. 11. 아이스ㅇ 임직원 및 피해업체 일동

(10) **현대백화점 측은 호크니 전시, 가로채기 철회하라!!**

  영국의 저명작가 호크니 전시를 가로챈 악덕기업 현대백화점과 현대퓨처넷을 규탄합니다! 중소 벤처기업 미쓰잭슨은 2020년 10월부터 영국의 59프로덕션과 한국 독점계약을 맺고, 데이비드 호크니의 몰입형 전시를 금년 10월 진행할 예정이었습니다. 그동안 투자유치를 위해 미쓰잭슨은 현대백화점 계열사인 현대퓨터넷에 2023년 초부터 관련기획을 공유하여 왔으며, 5월말에는 기획안과 제작비, 예상손익, 전시장 설계도면 및 영국 현지 관객수, 매출액 등 핵심 자료까지 넘겨주었습니다.

문제는 현대퓨처넷이 자료를 받고 무리한 계약방식 및 회계처리를 요구하다가 2023. 6. 2. 일방적인 투자논의 진행파기를 통보했습니다. 2주 후 영국 59프로덕션도 계약을 위반하며 **"다른 곳에서 5배 좋은 제안을 받았다."**면서 제3자와 진행의사를 일방적으로 통보했습니다. 차후 확인하니 신규 계약업체는 현대퓨처넷의 관계사 (주)에트나컴퍼니이며, 호크니 전시는 미쓰잭슨 측이 현대퓨처넷에 전달한 기획안과 똑같이 내달 10월 공개할 예정으로 8월초부터 일반 대중에게 홍보합니다.

기획사 미쓰잭슨 박ㅇ대표는 "현대백화점 계열사가 관계사를 통해 중소 **전시 기획사의 핵심 영업기밀을 부당하게 탈취하여 3년간 준비한 사업을 가로채면서 회사가 부도위기**이다. 이는 전형적인 대기업의 불법적 횡포이며, 사업 가로채기에 대해 책임을 회피하기 위해서 관계사를 동원하여 교묘한 꼬리 자르기이다."라고 언급했습니다. 피해금액은 기 발생 비율 및 예상수익을 포함 100억 이상입니다.

현재 미쓰잭슨은 법무법인을 선임하여, 금년 8월 현대퓨처넷, 갤러리현대 등과 59프로덕션에 계약위반 등 위법행위에 대해 공정위 신고와 중소벤처기업부에 행정조사를 신청했습니다. 향후 **피해업체는 목숨 걸고 민.형사상 법적대응과 집회시위**하겠습니다. 시민께서도 **악덕기업** 현대백화점 및 계열사를 크게 **질책**하시고, 저희를 성원해주시길 바랍니다.

2023.9.6. **현대백화점 계열사의 호크니 전시, 가로채기 피해업체 일동**

(11)

<u>SK그룹 고문 김ㅇ열은</u>
<u>청년사업가의 피 같은 돈 2억원을 즉각 돌려줘라!!</u>

3분만 시간을 할애하여 주십시오.
저는 조그만 회사를 운영하는 30대 청년입니다.

본 건물 3층에서 근무하고 있는 **SK고문 김ㅇ열(前SK그룹 부회장)**은 2년 전 2021년 4월, 자신의 강남파이낸스센터 집무실(25층)에서 저에게 **"2억원을 주면 내가 전권을 가지고 있는 캄보디아 앙코르와트 사업의 지분을 주겠다"**고 말하면서, **"몇달 안에 여러배로 돈을 돌려 받을 수 있다"**고 하였습니다.

저는 저의 저축 전부를 끌어 모아 2억원을 입금하였습니다.
그로부터 **770일이 지난 오늘까지** <u>지분은 커녕 사기피해액 2억원 중에 단 1원도 돌려주지 않고 있습니다.</u>

저는 생활고로 인하여 오피스텔에서 빌라로, 빌라에서 고시텔로 이사하여 현재에도 고시텔에 살고 있으며 하루 두 끼의 밥값을 걱정하는 처지가 되었습니다.

<u>SK그룹 고문 김ㅇ열</u>은 지금 즉시 2억원을 돌려줘야 합니다.

자신은 기사 딸린 차에 호의호식하면서, 청년사업가를 죽음 직전에 몰리게 한 행동을 사과하여야 합니다.

소음 및 불편을 드려 진심으로 죄송합니다.
저는 김ㅇ열로 부터의 사기피해 금원을 받는 즉시 이 집회를 중단하겠습니다.

2023년 5월 22일

(12)

기장군청 및 군의회 집회 이유서

1. 집회이유

1) 부산시 기장군청 및 군의회에서는 특정의 지방토호세력과 결탁하여 사익추구를 위해 부산 기장군 장안읍 명례리 산71-1번지 일원에 파크골프장 건립을 준비하고 있다.

2) 부산시 기장군이 추진하고 있는 이 지역에는 토지소유자가 100여명이 넘게 있으나, 토지 소유자에게는 사전협의 또는 어떠한 해명 없이 밀실행정으로 진행하고 있다.

3) 따라서 이 지역 토지소유자들은 부산시 기장군청이 추진 중인 파크골프장의 건립을 절대적으로 반대한다.

4) 부산시 기장군에서 추진 중인 파크골프장이 승인될 경우 지역 토지소유자들은 대대로 이어온 토지를 의사에 반하여 강제 토지수용됨으로 이는 명백한 사유재산 침해에 해당한다.

5) 그래서 부산시 기장군은 즉시 파크골프장의 추진을 중단하고, 토지소유자에게 정중한 사과와 재발방지 약속을 해야 할 것이다.

6) 아울러 이 지역은 선조 대대로 물러온 지역으로 선조들의 묘지 등이 있는 지역으로 파크골프장의 장소로는 부적하다. 그래도 밀어 부치는 부산시 기장군 및 군의회의 관치행정, 밀실행정을 강력히 규탄하며 관계자들의 문책을 요구한다.

2023. 4. 9.(일) ○○장소 : 부산광역시 해운대구 해운대해변로 203 (오션타워 000호)

(13) 총회 없는 회장, 불법! 회원 방문심사, 사과공문 발송!!

조○○ 회장의 리더쉽 부재와 직무유기로 혼란이 가중되어서 무척이나 안타깝습니다. (사단법인)○○일용근로자일드림협회 (약칭: 일드림협회)는 전국 15,000여 인력소개소 권익을 위해 2014년 출범하였으며, 설립초기 조 회장님은 사무실 제공 등 큰 공헌을 했습니다. 그러나 작년 1월 회장 취임 때부터 정상적인 총회를 열지 않고, 서류조작(?)에 의한 회장 등기 및 고용노동부 보고로 의심 받고 있습니다.

본인 스스로 "무척 사양했으나 억지로 맡았다!!"고백하며, 현재 "인력사업하지 않으므로 물러난다!"며 사표를 제출하였습니다. 그러나 대통령도 퇴임식 직전까지는 "인사권, 군 통수권"등 행사하는 것처럼, 단순히 사퇴서를 제출하였다고 직무종료가 아닙니다. 법인 등기부 상에도 "조기○이외에는 대표권이 없음"이라고 명확히 규정되어 있어서 총회를 열고, 등기부 등재 이전에는 여전히 조○○회장 이외에는 대표권이 없습니다. 그러나 **본인은 바지(허수아비) 회장을 자임하며, 총회를 열지 않고 단순 추대한 강ㅇ이사에게 회장 직인을 넘겨서 공문 발송케 했습니다.**

등기부상 "협회 재원은 회비, 후원금 등으로 충당한다."고 했으나, 회비 내는 회원은 10명도 안되어 협회운영이 마비수준입니다. 그래서 회장의 독려 하에 근래 **"회원을 늘려서 총회에 의거 회장 선출을 하자"**고 약속하여 50여명 대폭 회원 높였으나, 강봉ㅇ 회장 명의로 공문을 보내서 **"회원 신청자는 송금통장 등 가지고, 강○○회장의 회원자격심사를 받으라."**고 했습니다. 그래서 대다수 회원 가입자가 탈퇴의사를 밝힙니다. 여기에 **조회장은 책임을 져야합니다.** 현재 공제증서는 "조○○회장"으로 되어 있습니다. 즉 **회장이 2명**이므로 무언가 큰 문제입니다!

비겁하게 조회장은 눈치 보지 말고 **"선량한 회원들에게 사과공문을 직접 발송하라! 위조된 서류에 의한 강○○ 회장 등기//노동부 보고 중단하라! 그리고 정상적 총회를 통해서 협회장 선출 후 물러가라!!** 아니면 앞으로 민, 형사상 **고소** 등 중대 과오에 대한 책임을 물을 것이다!!!

2023. 1. 31.   일드림협회 정상화추진위원회원 일동

<u>다ㅇ컴퍼니</u> 앞 집회사유

저희들 (주)비ㅇ이테크는 **카카오 판교통합** 어메니티부분 인테리어 경량공사를 **다ㅇ컴퍼니 측**으로 **하도** 받아서

2022년 5월 30일 작업완료 후 변경내역서 서류를 6월 21일 현장 담당자에게 전달했습니다. <u>공사 계약금은 5억 3700만원이고,</u> <u>변경 금액은 7억 4400여만원입니다.</u> 지금까지 **공사대금으로 받은** **4억 6천만원을 끝으로 기성 및 변경금액을 미지급**하고 있습니다.

공사 준공일 2개월 이상 지난 시점에서 **잔금 2억 8500여만원**을 지급요청하고, 지급일 확정을 요구합니다!!

"다ㅇ컴퍼니 측은 공사 잔금을 즉각 지급하라!!"

2022. 12. 13.

(15)
위례○○타워 집회, 요구사항

1. 갑질 악덕 시행사는 힘없는 구분소유자에게 소송남발 중단하라!
- 위례○○타워 수분양자 피해민협의회 일동 -

2.위례○○타워 시행사는 업무시설11~13층➜ 분양 후 근린생활을
무단 용도변경 매매하였다. 즉시 사과하고 **손해금 배상하라!!**

3. 분양계약서에는 매수인 수분양자가 입점 후에 용도변경 할 때는
관계법규, 관리규약, 관리단이나 상가자치관리 위원회의 규정에
따른다. 고 되었다. **시행사는 411개 수분양자 피해를 책임져라!!**

4. 시행사는 위례지역 최고가로 분양하여 막대한 이익을 챙기고도
임대유치 약속은 이행하지 않았다. 또한 자신들 미분양 업무시설
(사무실) 근생(상가)로 용도변경 후 매매 및 임차하여 수분양자에
막대한 재산상 큰 피해를 주었다. **피해금을 전액 물어줘라!!**

5. 적반하장으로 민사, 형사 고소했으나 미화실장 명예훼손: 무혐의
관리소장 및 관리인, 운영팀: 무혐의 받았다. 따라서 **구분소유자
에게 소송남발에 대해서 사과하고, 협박용 소송을 취하하라!!**

6. 분양 당시 용도에 안 맞는 변경으로 **수분양자들 다 죽는다!!**

7. 위례○○타워 **직무정지가처분에 관리단총회무효소송 웬말인가?**

8. 분양전 **천사얼굴!** 이후 **늑대모습!** 시행사는 **갑질횡포 포기하라!**

2022. 11. 9.

위례○○타워 수분양자피해민협의회 일동

여의도 메리츠화재 집회사유

당사 (주)ㅇㅇ지엔씨는 **종합건설업체**이며, <u>청라지구 경서ㅇ구역</u>에서 오피스텔, 근생을 메리츠화재의 PF자금으로 공사하여 분양했습니다. 그러나 분양율이 저조해서 특정시기까지 제대로 원리금을 상환하지 못했습니다. *시행사: 청라도시개발(주)

이후 <u>메리츠 화재는 정상적 이자율 이외에 기간별로 2%, 또 특정기간이 지나면 **2%**씩 누적되어서 = 총 38% 추가 이율이 더 발생하였습니다.</u> 그 **추가 이자금액**이 **무려 ㅇㅇ억원**입니다.

(구 호) 메리츠화재 본사는

1. <u>추가 이자만 원금의 38%이다.</u> **폭리 취하는 메리츠화재는 살인적 폭리를 정상화**하고, **각성하라!!**

2. <u>부당한 수수료 적용으로 기업을 죽인다.</u> 대폭 **인하하라!!**

3. 대한민국 **금감원**은 폭리를 취하는 메리츠화재 감사에 **착수하라!!**

저희는 영등포경찰서 1개월 집회신고 후 합법적으로 시위합니다.
시민께서는 조금 불편하시더라도 이해를 바라며, 앞으로 대화로
원만하게 해결되면 즉시 그만 두겠습니다.

2022년   6월   13일

(17) 주민안전 포기➔ 인동선 공사강행 중단하라!!

우리 영통ㅇㅇ아파트 입주민은 왜 인동선 환승역 영통역 3출구 일대의 공사를 반대하는가? 이는 **지반침하 안전문제, 3출구 신설위치 교통혼잡**과 **사고위험, 환기구 설치**와 **미세먼지 피해, 완충녹지 축소**로 **차량소음** 및 **경관훼손** 등 **제반문제** 때문입니다.

가장 큰 일례로 2011년도 분당선 영통역 공사로 인해서 722동 9cm, 724동 13cm, 726동 4cm 지하침하 되었고 더 다양한 피해가 예상됩니다.

첫째, 기존 분당선 공사는 15m 거리 정거장에도 위처럼 심각하게 지반침하가 진행되었습니다. 금번 인동선 112정거장은 721동에서 불과 **10m 거리**에 지하 **40m까지 터파기 공사를 강행**하여, 더 큰 지반침하와 건물붕괴 등 심각한 안전문제가 우려 됩니다. **근래에 광주APT 붕괴사고가 재발하지 않는다고 누가 장담할 수 있겠습니까?**

둘째, 우리 아파트 정문쪽으로 영통역 3출입구 신설입니다. 현재도 정문 앞 도로는 보행자, 차량 진출입, 자전거, 킥보드 등으로 번잡하므로 신규 3번 출입구를 730동 앞이나 살구골 공원 쪽으로 옮겨야 합니다.

셋째, 전철 환기구 시설 집중배치입니다. 그동안 주민공청회, 민원제기 등으로 주거밀집지역 아닌 곳으로 요구했으나 공사를 강행하고 있습니다. 이에 미세먼지 폭증으로 입주민 건강에 직접적인 피해가 있으며, **분당선 인동선 2개 노선 환기구에 휩싸인 아파트**라는 오명을 얻습니다.

넷째, 차음벽 등 완충녹지 대폭 축소입니다. 영통구청은 민원회신 등으로 원상복구 약속했으나, 공사설계 따르면 녹지면적 축소, 제방높이와 수목수량 감소 등과 승강기 설치구간은 완충녹지 폭이 2.5m입니다.

그동안 저희는 국토교통부, 경기도 및 수원시 관계기관, 시공사 한화건설 등 수시로 민원 제기했으나, 미온적이라 집회 등 강력히 대처하겠습니다!!

2022. 5. 16.

영통ㅇㅇ아파트 입주자대표회의 및 주민안전대책위원회 일동

(18) 입주민 기만하고 무시하는 우ㅇ건설㈜ 각성하라! 사죄하라!!

2020년 5월 분양된 고양시 삼ㅇ우ㅇㅇ아노 입주예정자협의회는

입주민에 대한 무시와 기만으로 일관하는 우ㅇ건설의 만행을 규탄합니다!!!

문제를 확인하고자 수차례 요청해도, 한참 뒤에 돌아온 답은 "확인해보겠습니다", "안된다"

도대체 문제 확인하고 피드백 주는데 한오백년 걸립니까? 이것이 고객에 마음을 얻는 우ㅇ 방식인가!!! 시간 끌기만 하다 해결할 시간이 더 이상 없어졌습니다!!!!

경기도 고양시에 위치한 삼ㅇ우ㅇㅇ아노는 우ㅇ건설이 시공 중인 527세대 규모의 타운하우스입니다.   그 동안 입주민의 개선요구사항에 대한 무성의한 태도와 잘못된 시공 시설물 설치에 대한 해결방안 내놓지 않는 우ㅇ건설에 대한 입주민 분노는 극에 달한 상태입니다.

이제 입주민의 시공개선요청에도 답변 지연과 무응답은 일상다반사가 되었습니다. 심지어, 홈페이지 문의에도 본사 측은 아무런 대응도 없는 상태입니다.

입주민 생각하지 않고 시공했다며 언성 높이는 우ㅇ건설! "그건 윗사람이 정한거다" 가 변명이냐!!

지난 6월 17일 잘못된 위치에 설치된 보안등 재설치를 요구하기 위해서 공사현장을 방문한 입주예정자들에게 "입주민 생각하지 않았다"고 당당히 말하는 현장 담당자로 인해, 우ㅇ건설에 입주민 신뢰는 이미 바닥까지 떨어졌습니다. 현장 담당자 앞에서 눈물을 흘리는 입주민도 발생했습니다. 또한, 회의 석상에서 '역지사지'의 가치를 언급드리니 "그건 윗사람이 정한거다"라며 입주자 협의회에 비수를 꽂는 것도 서슴치 않았습니다.

8억이 뉘집 애 이름이냐!! '삼ㅇㅇ아노 입주민' 권리 짓밟는 우ㅇ건설!

우ㅇ건설 대표이사는 즉시 나와 공식 사과하고, 입주민 요건에 귀 기울려라!

1. 외부 침입 방지할 수 있는 장치가 없는 1층세대! 우리 가족 안전이 우려되어 입주가 불안하다.
2. 공용창고를 나만의 특화공간으로 광고하고, 개인화하여 사용은 가능하냐?
3. 이중 주차 없이 세대당 1대도 안되는 주차공간, 주차난으로 발생하는 문제는 입주민이 책임지냐
4. 플라스틱 음식물쓰레기통으로 쓰레기 냄새로 나는 주거환경에서 살기 싫다
5. 완강기도 없어서 화재 발생시 도망갈 수 없는 위층세대!! 뛰어내려 죽으란 말이냐!!

코로나19를 핑계로 입주민 협의회의 공사현장점검은 허용하지 않았습니다. 올해 10월이 입주 예정입니다. 잘못된 보안등 설치, 벽돌 하자시공, 공사 중 외벽 파괴 등 눈에 보이는 하자도 셀 수 없는 지경입니다. 우리 입주자들은 우ㅁ건설을 신뢰할 수 없습니다.

하자시공, 오설치 문제에 구체적 해결책을 제안하고 입주민 동의를 얻어 즉각 개선 이행하기 바랍니다!!

2021년 7월 2일

삼ㅇ우ㅇㅇ아노 입주예정자 협의회 일동

(19) **부천시는 정비구역내 직권해제가능 조례 재개정하라!!**

부천시는 불법적인 정비구역 내 직권해제 조례를 필히 개정해야 합니다. **부천시는 2018년 4월 정비구역 내 사유지 면적의 50% 이상 요청할 경우 도시계획위원회 심의를 통해서 정비구역의 직권해제가 가능하도록 도시 및 주거환경정비 조례를 개정했습니다.** 이는 **상위법인 도시 및 주거환경 정비법에도 없는 반드시 개정해야만할 악법입니다.**

이런 악법으로 부천시내 3개 구역이 직권해제 되었습니다. **최근 소사1-1 구역측은 대법원으로부터 "부천시의 정비구역해제는 위법한 처분"이라는 행정처분의 취소를 받았습니다. 수원시도 유사한 판례가 나오므로 부천시는 신속한 조례개정으로 고통 받는 지역주민이 없게 해야 합니다.**

괴ㅇ2ㅇ 구역은 2011년 상가조합원의 적극 찬성으로 재개발 정비조합이 설립되었으며, 일부 조합원은 조합임원 및 대의원을 겸할 정도로 재개발 사업에 열정적이었습니다. **지금 해제 동의자들은 정비사업이 진행되는 것을 알고 들어왔으며, 사업시행계획인가 등 정비사업이 구체화되자 조합원을 볼모로 더 많은 경제적 이득을 노리고 있습니다.**

해제 동의자들은 자신들은 소상공인이며 사회적인 약자임을 주장합니다. 그러나 부천시장 및 시민 여러분!! 괴ㅇ2ㅇ 조합은 재개발을 통해 일확천금을 노리는 게 아닙니다. **저희 구역은 불이 나도 소방차의 진입이 안 되고, 철길 때문에 종일 소음에 시달리는 영세주민들입니다.** 죽기 전에 제대로 된 주거지에서 살고 싶은 것이 죄인가요??

부천시는 2년이 넘게 갈팡질팡 결정을 못 내리고 있습니다. 그동안 주민 사이 갈등은 치유되지 못할 정도로 심각합니다. **지금이라도 직권해제 요청을 부결시키고, 즉각 사업을 재개하면 갈등 치유가 됩니다.**

저희 괴ㅇ2ㅇ 조합은 누구의 일방적 희생으로 시세차익를 얻는 투기꾼이 절대 아닙니다. 살 곳을 하나만 가지고 있는 여러분의 이웃입니다.. 부디 많은 지원과 성원 부탁드립니다!!

2021년 6월 24일   **부천시 괴ㅇ2ㅇ구역 조합원 일동**

(22)   평화건설은 공사비, 노임을 즉각 지불하라!!

잡철물업체 (주)가온건설은 공사비 잔금 4억 5천여만원 받지 못했습니다. <u>2019년 1월부터 2021년 ○월까지 국립극장 내 해오름극장 리모델링 공사의 "잡철물 제작, 납품, 설치공사"를 진행, 완료했으나 5개월 공사비와 노임을 받지 못하고 있습니다.</u> 발주처는 문화체육관광부, 원도급사 (주)평화건설이고, 저희는 하도급사 (주)인○○로부터 공사를 받아 마무리해 주었습니다.

최근까지도 믿고 기다린 것은 정부 관공사이며, 원도급사 평화건설은 천주교 산하 중견건설업체이고, 인○○를 신뢰했기 때문입니다. **체불 주원인은 문체부와 평화건설 간의 변경계약이 지연되고, 원도급사와 하도급사 "인○○" 역시 변경계약서 없이 상당량 공사를 진행했습니다.** 그 중에 많은 부문을 저희사가 담당하며 막대한 공사비 및 노임 미수금이 발생된 것입니다.

이제 대한민국은 정부가 발주한 관공사도 믿지 못합니다. 발주처는 뒷짐만지고 있으며, 원도급사 평화건설은 문체부로부터 공사대금을 원활하게 받지 못한 무능을 하도급사에게 전가합니다. 인○○는 변경계약서 미작성 및 기성고에 따른 공사비 미지급 상태에서도 공사중단이나 법적대응하지 않고 진행했습니다. 저희 회사 가온건설도 인○○와 같은 우를 범하였습니다.

저희는 "학교법인 카톨릭학원" 산하기관인 평화건설이 불공정거래를 저지를지 몰랐습니다. **문체부는 관계자들을 징계하고, 천주교단은 무능한 평화건설 임원진 교체하며, 즉시 공사비 및 노임이 지급되게 하라!!** 저희와 협력사는 고의적인 악성체불로 부도직전이다. 이제 **목숨 걸고 투쟁한다! 생존권을 보장하라!!**

2021년 5월 24일 (주)가온건설 및 연관피해업체 일동

(21) 부부 주식사기단 즉각 처벌하라!!

저는 이 건물 ○0층 E○ 이최부부 주식사기단에게 3천만원 피해를 당했습니다. 지금 <u>아들 장가보내려고 급전을 빌리는 등 너무도 큰 고통 중에 있습니다. 정말 억울하고 원통해서 밤잠을 못 이루다가 집회신고 했습니다.</u> 오늘부터 피해금과 정신적 고통에 대한 합당한 배상을 받을 때까지 계속 시위할 겁니다.

작년 2020년 ○월 이○ 친구가 E○○데려와서 ○회장 부인을 소개하며 **"큰 돈을 벌게해 주겠다!!"**는 감언이설에 속아서 1100만원을 신용카드로 긁었습니다. 그후 **"회사 주식이 엄청 오를테니 주식을 사라!!"** 등등 김○○ 회장부인 말에 넘어가서, **신한카드에서 대출까지 받아서 2천만원 주었습니다. 주식증서는 "정리해 투자자들 한번에 줄테니 기다려라!"**고 했으나 **아직도 받지 못했습니다.**

바람잡이 회장 부인은 지금껏 각종 거짓말을 수십번 남발하고 상황 따라서 수시로 말을 바꿉니다. 이번엔 6월말까지 돈을 돌려준다고 합니다. 저 외에도 수십명이 억울하게 사기를 당한 것으로 봅니다. 이런 **악덕 부부사기꾼을 시범적으로 구속하지 않으면, 계속 피해가 늘어나므로 검찰에 형사 고소할 예정입니다.** 저는 현재 아들 장가 보낼 전세금을 급전으로 빌렸습니다. ○**회장 부인은 중국교포인데 한국까지 원정 와서 사기를 치고 있습니다.**

구로구민 여러분!! 절대로 이러한 부부 사기꾼에게 속지 마십시오! <u>사무실을 두 곳에 차려 놓고 조직적으로 움직이며, 이 곳에 데리고 오는 사람을 별도로 운영합니다.</u> 저는 이로 인해 가정불화를 겪고 불면증 걸렸습니다. 이런 자들은 사회에서 영원히 격리돼야 합니다. 앞으로 문제가 해결될 때까지 지속적 시위할 겁니다. 부디 양해를 부탁드립니다. **주식 부부사기꾼을 즉각 처벌, 구속기원~!!!**

2021. 6. 10.　**이,최 부부사기단 주식피해자 신○ 드림**

(22) 중랑 신협은 스타프라자 부당대출 책임져라!!

　저희 (주)에ㅇㅇ종합건설은 부당 대출로 피해를 본 시공사입니다. 당사는 2019년 9월 차주사(건축주)인 뉴ㅇㅇ산업(주)과 도급계약을 체결하고, **2020. 12. 17일 준공검사까지 완료했습니다.** 건축물은 경기도 남ㅇㅇ시 금ㅇ리 1007 "스타ㅇㅇㅇ"입니다. 총 공사비 44억원 중에서 20여억원 못 받은 상태에서 책임준공까지 하였습니다. 통상 준공되지 않으면 **건축물 대출이 발생하지 않기에 최대한 협조 하였으나, 중ㅇ 신협은 사전 약속한 공사비 잔금을 지급하지 않고 차주사에게 86억원 대출을 실행**하였습니다.

　중ㅇ 신협 본사에서 2021. 4. 13일 시공사, 신탁사, 차주사 등이 참석하여, 담보대출 위한 자서를 진행할 때에 시공사는 대표이사 등 참석했습니다. 중ㅇ 신협은 ㅇㅇ대리 외 나와서 **"책임준공 시공사의 유치권 포기각서 및 공사비 완납증명서 등의 서류가 있어야 대출이 나온다."**고 안내했으나 4. 21일 시공사에게 어떠한 연락도 없이 대출을 실행했습니다. 다음날인 **4. 22일 새벽녘에 차주사는 불법적으로 시공사의 유치권 점유 호실에 시건장치를 부수고, 집기를 건물 밖으로 던지는 등 폭력을 저질렀습니다.**

　통상 **공사비를 못 받아 건축물에 유치권 행사하면 대출을 중단하고 위처럼 유치권 포기각서와 공사비 완납증명서를 제출하는 조건부로 대출이 나옵니다.** 계속 유치권 행사하면 건물 미사용으로 재산권이 크게 줄기 때문입니다. 이처럼 **중ㅇ 신협이 사전 약속한 공사비 잔금을 해결 없이 대출 실행한 것은 고의적으로 "선관주의 의무'를 위반한 부도덕한 악덕행위입니다.** 이에 저희는 감찰요구와 민사. 형사적 모든 수단을 동원하고, 집회까지 할 것입니다!! **파렴치한 악덕 금융사, 중ㅇ 신협 공모자를 퇴출하라! 즉각 처벌하라!!**

2021년 5월 10일
시공사 (주)에ㅇ종합건설 및 하도급 피해업체 임직원 일동

(23) 미국은 아시아계 인종차별을 중단하라!!

 미국은 아시아계 혐오 및 증오범죄를 중단하고 강력히 대응하라!! 우리는 최근 미국 내에서 일고 있는 인종차별과 증오범죄를 규탄하며 미국경찰의 공정한 수사와 재발방지 대책 마련을 촉구한다!!

1. 코로나19 확산 이후 미국 거주 아시안 대상 증오범죄가 급증하고 있습니다. 미국 인권단체들의 혐오범죄신고 SITE "스톱AAPI 헤이트"(아시아계 혐오를 멈춰라)보고서에 따르면, 코로나19가 본격화된 2020년 3월부터 2021년 2월까지 3795건, 아시아계 증오범죄가 신고되어 하루 평균 11건입니다, 이는 노인, 어린이 등 약자를 포함해 성별, 나이와 무관하게 "묻지 마" 폭행을 당합니다. 그동안 문제되었지만 이제는 지켜만 볼 수 없습니다.

2. 현재 미국에서는 혐오범죄로 인해 한인 및 많은 아시아계 사람들이 불안에 떨고 있습니다. 예를 들면
작년 11월 미국 워싱턴시의 한국인 부부가 청소년들의 집단폭행으로 갈비뼈가 부러지고, 얼굴에 피멍이 들었으며
금년 3월 16일 미국 애틀란타 근교 마사지숍과 스파에서 아시아계 여성들에게 백인 남성이 총기 난사해서 한인여성 4명 포함해서 8명이 사망
3월 29일 뉴욕 대낮 길거리 한복판에서 65세 동양인 여성을 무차별 폭행
3월 30일 뉴욕 지하철에서 아시아계 여성과 자녀 3명에게 욕설과 휴대폰 파손
4월 3일 켈리포니아 60대 아시아계 여성이 반려견 산책 중 괴한 흉기에 사망~
그 밖에도 우리도 잘 모르는 수많은 아시아계 혐오범죄가 발생합니다.

3. 하지만 미국경찰은 명백한 아시아계 혐오범죄에도 증오범죄라고 규정하는 것이 쉽지 않다고 합니다. 이는 혐오발언 및 혐오 상징물 증거 확보가 어렵고, 용의자 진술만을 크게 의존하기 때문입니다. 아시아계 피해자가 보복에 대한 두려움과 언어적 장벽으로 신고를 꺼리는 점도 크게 작용합니다.

4. 요즘 세계 곳곳에서 울리는 "아시아계 혐오를 멈춰라!" 외침에 침묵해서는 안 됩니다. 방탄소년단(BTS)도 동참하고 있습니다. 이제는 우리 스스로 변화를 만들어가야 합니다. 지금 아시아계 인종혐오와 증오범죄에 눈을 감는다면 계속 무고한 피해자를 만들뿐입니다. 함께 힘을 모으고 적극 동참요망~!!!

2021. 4. 16.   **아시아 인권연대 일동**

(24)   단양군청과 성ㅇ양회는 민원 및 유착의혹 해명하라!!

 저는 단양군 매ㅇ읍 응ㅇ리 산3ㅇㅇ, 4 두 필지 토지주입니다. **성ㅇ양회는 응실리 채석광산 진입로 약 1km, 사용료 한푼 없이 쓰고 있습니다. 원래 기존 협소한 구 농로를 광산 덤프트럭, 대형차량 운행하기 위해서 일방적으로 직선화, 확장 및 포장했습니다. 단양군청은 개인 땅을 동의 없이 무단사용, 산림훼손, 확포장 한다면 관리 감독할 권한이 있으므로 유착비호의혹을 받고 있습니다.** 저는 억울함을 풀고자 단양군청 정문, 진입로 사유지 봉쇄, 성ㅇ양회 공장정문, 서울시 인사동 본사 및 한국레미콘공업협회 등 5곳에서 집회하고 있습니다.

저는 18년 전 2002년 8월 두 필지 4만 5천여평을 매입했습니다. 초기에 과수재배하려 했으나 대형차량 공해, 미세먼지 등으로 불가하였습니다. 이후 태양광발전 사업도 마찬가지였습니다. **금년 1월초 지적측량 결과 성ㅇ양회 응ㅇ리 산38ㅇㅇ 채석장 진입로는 초입 숯공장부터 70% 이상 제 땅을 무단 사용하고 있습니다.** 성ㅇ양회는 위처럼 장기간 개인사유지를 사용하려면 단양군청의 묵인, 방조가 필수입니다.

저는 지난번 집회에서 고충상담실을 방문해서 항의하였고, 지난주 3개 부서에 민원을 제기했습니다. **단양군청 산림녹지과장**에게 사유지 무단사용 및 산림훼손 대책과 산림법 위반여부의 세부조사, 고발, 행정조치를 촉구했습니다. 또한 **환경과장**은 광산 채굴 및 대형 덤프트럭 운행으로 분진, 매연 때문에 임목 고사와 삼림 황폐화 실태조사 및 대책을 제기했습니다. 끝으로 **지역경제과장**에게 성신양회 응실리 광산의 광업권 관련 행위제한 및 위법여부를 구체적으로 질의하였습니다.

저는 금년 5월에 18년간 토지사용료를 지급할 것을 성ㅇ양회 측에 통보하였고, 도로 폐쇄와 원상회복을 요구했습니다. 이후 단양군청, 성ㅇ양회 공장, 서울 본사에서 집회를 하였습니다. 그러나 **성ㅇ양회 측은 사용료 없이 인근 공시지가의 50% 이하 매입가 제시하는 등 무성의 합니다.** 부디 역지사지 입장에서 대화 및 결과가 나오길 바랍니다.

2020. 12. 02. 위 작성자 : 토지주 송 ㅇ ㅇ

(25) 성ㅇ양회 진입로 불법사용 사죄 및 합당한 배상하라!!

 저는 단양군 매ㅇ읍 응ㅇ리 산3ㅇㅇ, 4 두 필지 토지주입니다. **성ㅇ양
회는 응ㅇ리 채석광산 진입로 약 1km, 사용료 한푼 없이 쓰고 있습니다.
원래 기존 협소한 구 농로를 광산 덤프트럭, 대형차량 운행하기 위해서
일방적으로 직선화, 확장 및 포장했습니다. 단양군청은 광산인허가권자
로서 개인 땅을 동의 없이 무단사용, 산림훼손, 확포장하면 관리 감독할
권한이 있으나 유착 비호의혹을 받고 있습니다.** 저는 억울함을 풀고자
단양군청 정문, 진입로 사유지 봉쇄, 성ㅇ양회 공장정문, 서울시 인사동
본사, 한국레미콘공업협회 등 5곳에 집회하고 있습니다.

저는 18년 전 2002년 8월 두 필지 ㅇ만 5천여평을 매입했습니다. 초기
에 과수재배하려 했으나 대형차량 공해, 미세먼지 등으로 불가하였습니
다. 이후 태양광발전 사업도 마찬가지였습니다. **금년 1월초 지적측량 결
과 성신양회 응실리 산ㅇㅇ-1, 채석장 진입로는 초입 숯공장부터 70%
이상 제 땅을 무단 사용하는 것으로 드러나서 통보했습니다.** 성신양회
본사는 답변하길 "위 도로는 당사가 개설한 도로 아니며, 단양군수가 노
선 지정해서 관리하는 리도(마을도로)라고 답변했습니다. 그런데 **단양군
청에 문의하니 "군청은 도로포장 공사한 사실이 없다"고 합니다.** 그러
면 둘 중에 하나는 거짓말 하는 겁니다. 개인 사유지를 마음대로 넓히
고 포장하였는데 "모른다. 내 책임이 아니다"고 발뺌만 합니다.

이후 금년 5월에 18년간 토지사용료(214개월×300만원= 6억 4200만원)를
지급할 것 성ㅇ양회 본사에 통보하였고, 도로 폐쇄와 원상회복을 요구했
습니다. 저는 단양군청, 성ㅇ양회 공장, 서울 본사에서 집회를 했습니다.
그러나 **성ㅇ양회 측은 사용료 없이 ㅇ만평 인근 공시지가의 50% 이하
매입가 제시하는 등 무성의 합니다. 향후 개인소유 도로 원상회복 후에
나무식재 등 철저히 소유권 행사하고, 광산권 취소요구할 겁니다.** 특히
사용료 지급이나 적정가 매입을 하지 않는다면 사생결단 싸울 겁니다.
부디 역지사지 입장에서 원만한 결과가 나오길 바랍니다.

2020. 11. 17.   위 작성자 : 토지주 송 ㅇ ㅇ

(26) **부도덕한 명ㅇㅇ사 갈비는 거짓말, 갑질 등 사죄하라!!**

존경하는 대한민국의 시민께 알립니다! **저는 명ㅇㅇ사갈비의 거짓말, 부도덕성, 폭리, 갑질행위 등** 알리려고 집회를 합니다. 작년 12월 ㅇ일 서울 상ㅇ역점을 오픈했습니다. **본사에서 점포를 선정하고, 직접 인테리어 시공하고 물품을 공급해 "오픈하라!!"고 지시하였습니다.** 그 과정에 **저는 철저히 배제된 채 본사에서 일방 시공하고, 40평에 2억 7500만원으로 평당 무려 687만원입니다.** 이런 막대한 인테리어비를 투입했으나 **개업일부터 난방이 전혀 되지 않아 폐업하고 말았습니다.**

겨울철 실내온도 12C 수준으로 추워서 손님들이 고기 먹다가 돈 안내고 그냥 가버리는 분, "고깃집이 무슨 화생방 훈련소냐?"하며 불만 토로 하신분, 제 아내는 추위로 인해 손, 어깨, 팔 등에 마비 증세로 몸져누워 있습니다. 이후 전기난로, 대형난로 등 6개를 투입하였으나 소용없었습니다. **이ㅇㅇ 부대표는 저에게 100억원? 보상을 언급했습니다. 7월초 아내가 쓰러져 본사 이ㅇㅇ부대표께 연락하니, 원ㅇㅇ 협의회장이 집을 찾아와서 7월 안으로 해결한다고** 큰소리치더니 이런저런 핑계만 대고 있습니다.

저는 어려운 살림에 빚을 내서 시작하였으나 **돈만 아는 부도덕한 집단 명ㅇㅇ사갈비 본사는 시공사도 알려주지 않고, 수억원의 견적가도 A4** 용지에 대충 그려 주는 등 엉터리 회사입니다. **저는 오늘부터 피해자들을 모아서 "명ㅇㅇ사갈비 체인점 불매운동"을 전개합니다.** 지금 코로나 19 때문에 전국민이 고통 받는데, **명ㅇㅇ사갈비는 = 점주들에게 갑질을 부립니다.** 이런 돈만 챙기는 못된 기업은 한국에서 사라져야합니다. 특히 **회사 앞잡이, 원ㅇㅇ 어용 협의회장은 문제업소마다 나타나서 해결할 것처럼 바람만 잡고 사라지는 아주 못돼 먹은 자입니다!!**

앞으로 저는 피해금액 x억원을 보상 받을 때까지, 가락동 본사와 ㅇ회장 대화점에서 시위할 겁니다. **온갖 갑질횡포를 일삼는 부도덕한 기업은 지구를 떠나라!! 나는 명ㅇ사갈비 선택을 엄청 후회한다!!!**

2020. 10. 21.   **명ㅇㅇ사갈비 상ㅇ점   김ㅇ호 대표**

(27) 금ㅇ학원장은 사죄➜ 업계를 떠나라!!

 저희는 방배동 10xx. 백ㅇ빌딩 ㅇ층 금ㅇ수학학원장의 파렴치한 행동을 규탄키 위해 집회합니다. 교육자의 제1조건은 양심과 실력입니다. 만약 실력은 잘 모르며 거짓말을 일삼고, 학생을 속인다면 어찌되겠습니까?? 즉 **양심팔이 원장은 자격미달입니다. 금ㅇ수학학원 ㅇㅇ원장은 여기서 도보 8분거리 함지박사거리 저희 김ㅇ학원 수학선생으로 있다가, 고1학생들을 몽땅 데리고 나와서 이곳에 몰래 학원을 차렸습니다.**

그는 9개월 근무했으며 7월 ㅇㅇ일까지 일하고, 몸이 아파서 2주간 쉬며 여행도 다녀와서 다시 근무키로 했습니다. 그러나 각종 거짓말로 속이고 **저희 학원생들에게 8월 1일부터 전화해서 "금ㅇ학원에 빨리 나오라!!"고 독촉했다는 학부모의 제보로 실상을 알았습니다.** 존경하옵는 학부모님!! 이런 파렴치한 학원장이 교육자 자격이 있겠습니까? 그동안 학생들에게 우리학원 욕하며, 거짓말을 밥 먹듯이 하고, 저희 임직원 명예를 크게 훼손했습니다. 특히 **"자신은 잘나가는 강사였는데, 저희 학원장이 고액을 준다고 스카웃해 놓고 돈도 안준다."** 는 거짓말로 공부에 전념해야할 **사춘기 학생들을 혼란케 만들었습니다. 기가 막힙니다!!** 순진한 학생들은 이 원장의 사악한 거짓말에 다 넘어갔습니다.

저희 학원은 약속한 월급을 다 주었습니다. **금ㅇㅇ강사는 면접보고 채용한 일반강사였습니다. 스카웃한 적이 전혀 없습니다.** 수업시간에는 보통 ××이라고 욕하였으며, 저에게도 야비한 협박 문자를 계속 보냈습니다. 요즘 어려운 코로나19 시대에 밥 먹고 살게 해주었더니, 남 몰래 뒤에서 뒤통수치는 양심 없는 나쁜 사람에게 무얼 더 배우겠습니까?? 저희 **서초학원연합회**에서도 이런 사악한 강사에게 순수한 학생들을 맡겨둘 수가 없어서 **동참**합니다.. 우리는 끝까지 함께할 겁니다.~~

◆ **부도덕한 배신자 금ㅇ수학학원장은 교육업계를 즉시 떠나라!!**
◆ **거짓말을 일삼고 학생들과 저희 학원을 속인 것을 사죄하라!!!**

2020. 8. 13.

서초학원연합회 및 김ㅇ학원 임직원 일동

-243-

6장 고소당한 집회사건 분석

1. 집회로 인한 명예훼손 등 고소사례

집회시위는 이해관계가 충돌하게 된다. **대화가 힘들어 실력행사를 하므로 형사 고소를 당할 수 있다.** 상대방은 명예훼손, 업무방해, 모욕죄 등으로 고소하거나, 집회금지 가처분 등 민사 소송을 제기할 수도 있다. **필자는 집회 사업을 시작한 2013년 이후 4건의 고소를 당하였다.** 이는 2015년 5월 구원파 교주와의 투쟁, 2016년 1월 통신다단계 피해자모임, 2016년 7월 인력사무소 체불 노임, 2021년 5월 중랑 신협 시위관련 명예훼손 등으로 고소를 당하였지만 모두 무혐의 처분 받았다. **지금까지 총 600여회 시위 대비, 평균 150회당 1건 고소를 당한 것이다.** 이처럼 비록 드물어도 형사 고소의 위험성을 내포하고 있다.

집회관련 고소를 당할 때 잘 대비하지 않으면 처벌을 받고 전과자가 될 수 있다. 혹시 이후에 **고소당하면 가중 처벌되어 실형을 나올 수 있으므로 조심해야 한다.** 돌아보면 아찔한 순간도 몇 번이나 있었다. 그러나 잘 대비하면 대응이 가능하므로 필자가 직접 경험한 중랑 신협의 고소 사례를 분석하며 대비책을 제시하려고 한다.

(1) 중랑 신협 집회사건 개요

시공사 에이원건설은 경기도 남양주시에 2020. 12월 건물 준공시켰으나 총 공사비 44억원 중에서 20억원 못 받았다. 통상 준공되지 않으면 대출 받을 수 없기 때문에 먼저 시공사가 자금 들여서 마무리 공사해 주었다. 2021년 4월 중랑 신협에서 담보대출 자서할 때에 "시공사 유치권 포기 각서 및 공사비 완납증명서가 있어야 한다."고 했으나 지켜지지 않았다. 그래서 건물에 유치권을 행사했으나, 새벽에 건축주가 불법적으로 시건 장치를 부수고 강제로 점유자를 쫓아냈다. **중랑 신협이 사전에 약속한 공사비 잔금을 미해결, 대출을 발생한 것은 "선관주의 의무"를 위반하였기에 금융감독원, 신협 중앙회에 고발하였다.** 이후 필자와 "집회시위 용역의뢰 계약서"를 작성하고 2021년 5월 10일부터 중랑 신협에서 6차례 시위를 진행하였다. **처음에 중랑경찰서는 같이 고소당한 에이원건설에 연락했다가 필자까지 연락되어 조사를 받게 되었다.**

(2) 정보 공개된 고소장: 서울경찰청 제공

서울경찰청
SEOUL METROPOLITAN POLICE

"종강 신협: 고소 (부)"
(정보공개된: 고소장)

발 신 처

발 신 부 서 : 팩스서버 수사지원팀
일   시 : 2021-07-27 13:17
발 신 자 : 김소연   팩스 번호 : 02-2171-0541
연 락 처 : 02-2171-0444   문서 번호 :

수 신 처

수 신 자 : 김한성   팩스 번호 : 025221633
수 신 부 서 :   페이지 수 : 6

제   목 : 요청하신 정보공개 자료 보내드립니다.

모사전송심사필
2021.07.27
승인권자:손문창

2021. 7. 27.

*고소인의 성명 제외 등: <u>개인정보 보호법으로 모두 가려졌다</u>.

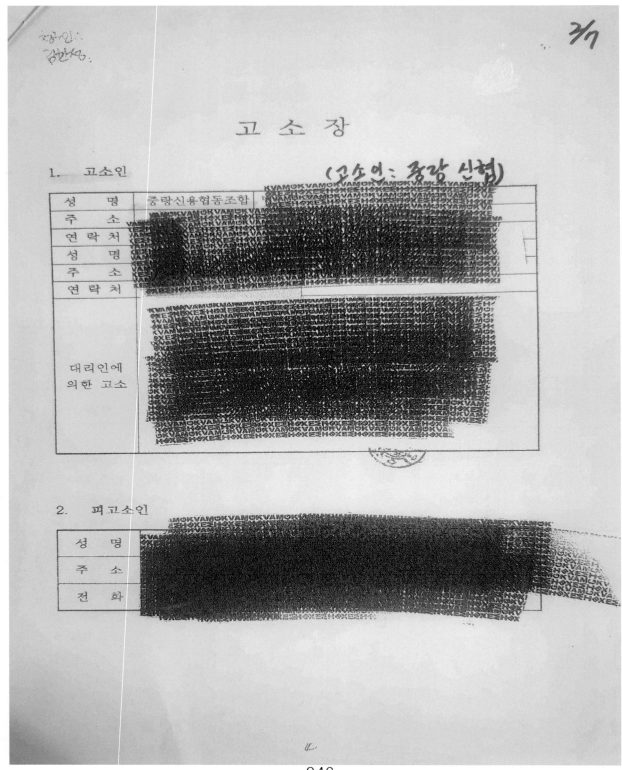

고 소 장

(고소인 : 중랑 신협)

1. 고소인

성 명	중랑신용협동조합	
주 소		
연 락 처		
성 명		
주 소		
연 락 처		
대리인에 의한 고소		

2. 피고소인

성 명	
주 소	
전 화	

*추가 피고소인: 김한성, 집회 주관자 몰라서 성명 미상으로 지칭함!!

성명 미상:(김 한 성 지칭)

성 명	성명미상	주민등록번호	미상
주 소	미상		
전 화	미상		

3.   고소취지

    고소인들은 피고소인들을 형법상 명예훼손죄(형법 제307조 제2항)
및 신용훼손죄(형법 제313조)로 고소하오니 철저히 수사하여 엄히 처벌
하여 주시기 바랍니다.

4.   범죄사실

    고소인 중랑신용협동조합은 서울특별시 중랑구 면목로 380(면목동)에
주소를 두고 조합원에 대하여 금융 및 생활의 편의를 제공함으로써 조합원
의 복지향상과 지역경제의 균형있는 발전에 기여하는 것을 목적으로 설립되
어 조합원으로부터의 예탁금 및 적금의 수납, 조합원에 대한 대출 등의 업무
를 수행하는 신용협동조합이다.

    고소인 최재원(이하 고소인 최재원과 고소인 중랑신용협동조합을 포괄하
여 "고소인")은 중랑신용협동조합 전무이사로서 중랑신용협동조합의 제반 업
무를 처리하는 자이다.

*집회 현수막//피켓 세부내용 문제를 삼아서 위법 주장!!

　　피고소인 ▅▅▅은 주식회사 에이원종합건설의 대표이사로서 피고소인 성명불상자(이하 피고소인 ▅▅과 피고소인 성명불상자를 포괄하여 "피고소인")에게 중랑신용협동조합 앞에서 집회를 하도록 지시한 자이고, 피고소인 성명불상자는 피고소인 ▅▅▅의 지시에 따라 실제로 집회를 한 자이다.

　　피고소인은 2021. 5. 10. 고소인 최재원이 재직하고 있는 중랑신용협동조합 앞 보행자도로에서 『중랑신협은 부당대출횡포 사죄. 공사잔금 20여 억 원 물어내라! 차주사와 유착의혹조사 → 신협 관계자 문책 및 진상 밝혀라 -시공사 (주)에이원종합건설 및 하도급업체 피해자 임직원 일동- 』이라는 현수막 등을 게시하고 수인과 함께 피켓을 들었을 뿐만 아니라, 마이크를 사용하여 "뒷구멍으로 돈을 받아 먹은건지 모르겠어요. 왜 근데 받아먹지 않았다면 그러면 왜 이런 짓까지 하겠습니까?", "구상권행사해서 최전무, 김대리. 신직원 재산 압류붙여 재산권소송해서", "그 최모전무부터 김모대리. 신모사원 다 잘라봐야 됩니다. 고객의 돈을 마음대로 관리하고 고객에게 피해를 주는 이런 못되어먹은 자들은 퇴출을 시켜야 된다라고 생각합니다". 라는 허위의 내용을 공연히 적시하여 주변 주민 및 불특정 다수의 행인들에게 그 내용을 알렸다.

　　또한 고소인 중랑신용협동조합과 관련하여. 피고소인은 2021. 5. 10. 고소인 중랑신용협동조합 앞 보행자도로에서 『대출을 실행하는 과정에서 선관주의의무를 위반하고 시공사에게 지급해야할 20.4억 금액을 무시한채 부당대출을 해준 중랑신협』 이라는 긴편을 게시하고, 마이크로 "중랑신협 불법대출, 선관의무 사과하라, 퇴출하라", " 중랑신협은 즉각 사라져야 한다.", "부당대출해서 배당금이 줄어들 수 있다"라는 허위의 내용을 공연히 유포하여 주변 주민 및 불특정 다수의 행인들에게 그 내용을 알렸다.

[손글씨: 가져분~ 유치권 행사 80여억원 대출!!]

련하여 본건 사업의 시행사 뉴주성산업 주식회사(이하 "**시행사**")와 공사도급 계약을 체결하고 건축물을 시공한 시공사이고 고소인 중랑신용협동조합은 본건 사업의 시행사 뉴주성산업 주식회사에게 대출(이하 "**본건 대출**")을 해 준 금융기관이며, ②시공사는 공사대금을 다 받지 못한 상태에서 본건 건축 물을 완공하였는데, ③시행사가 시공사에게 나머지 공사잔금을 지급하지 않 은 상태에서 고소인 중랑신용협동조합이 본건 대출을 미분양담보대출로 전 환하여 선관주의의무를 위반한 부당한 대출을 하였으므로 시공사에게 공사 비 미지급액 20.4억 원을 지급해야할 뿐만 아니라 조합원들에 대한 배당이 줄어들 것이고, ④ 고소인 최재원을 비롯한 중랑신용협동조합의 관계자들은 시행사와 유착하여 이러한 부당 대출을 하였으므로 중랑신용협동조합은 고 소인 최재원을 비롯한 그 관계자를 문책하라는 것입니다.

또한 피고소인은 마이크를 사용하여 ⑤"뒷구멍으로 돈을 받아 먹은건지 모르겠어요. 왜 근데 받아먹지 않았다면 그러면 왜 이런 짓까지 하겠습니 까?", 라고 하여 "유착"의 의미를 구체화하였을 뿐만 아니라 ⑥"그 최모전 무부터 김모대리, 신모사원 다 잘라봐야 됩니다"이라고 하여 행위 주체를 특정하였습니다.

그러나 <u>고소인 중랑신용협동조합은 부당한 대출을 하지 않았고, 공사도 급계약은 시행사와 시공사 사이의 계약으로 공사대금지급의무는 시행사에게 있으며, 고소인 최재원은 본건 대출약정을 준수하여 본건 대출을 미분양물건 에 내한 담보내출로 전환하였을 뿐 시행사와 아무런 유착관계가 없습니다.</u> 그런데도 피고소인은 고소인을 특정하여 고소인이 시행사와 유착관계에 있 어서 **시공사에게 공사잔금을 지급하지 않고 부당한 대출을 했으며 공사잔금 20.4억 원을 지급하지 않았고** 그로 인하여 조합원들에게 돌아갈 배당이 줄

*마지막 쪽: 법무법인 변호사 7명이 등재 됨: 겁을 주다!!

8. 관련사건의 수사 및 재판 여부

① 중복 고소 여부	본 고소장과 같은 내용의 고소장을 다른 검찰청 또는 경찰서에 제출 하거나 제출하였던 사실이 있습니다 ☐ / 없습니다 ■
② 관련 형사사건 수사 유무	본 고소장에 기재된 범죄사실과 관련된 사건 또는 공범에 대하여 검찰청이나 경찰서에서 수사 중에 있습니다 ☐ / 수사 중에 있지 않습니다 ■
③ 관련 민사소송 유무	본 고소장에 기재된 범죄사실과 관련된 사건에 대하여 법원에서 민 사소송 중에 있습니다 ☐ / 민사소송 중에 있지 않습니다 ■

첨 부 자 료

2021. 5. 10.

고소인의 대리인
법무법인 오름
담당변호사   최 호 석
         이 지 연
         한 장 호
         강 경 두
         오 자 현
         정 운 정
         홍 은 영

변호사 = 7명

서울중랑경찰서   귀중

(3) 고소장에 대한 답변서

고소장 답변서

1. 답변 요지: 피고소인 김한성은 중랑신협 최재ㅇ에게 명예훼손 혐의 등으로 고소당하였다. 피고소인은 의뢰인 (주)에이원종합건설이 집회시위 신고한 것을 알고 참석했으며, 중랑신협이 약속을 어기고 부당 대출했다는 주장을 진실이라고 믿고 "공익차원"에서 대신 발언하였다.

2. 참석 경위: 피고소인 김한성은 사업자등록증 종목에 등재된 집회시위 전문컨설팅 업체인 오케이두리인력공사 대표이다. (주)에이원종합건설 서진녕이사의 요청에 따라 2021. 5. 6. "집회시위 용역의뢰계약서"를 맺고 금융감독원에 제출한 "민원 신청서" 및 시위 문구를 이메일로 받았다. 또한 계약서상 300만원 중 착수금 100만원 받고 현수막, 유인물작성 등 협의했으며, 시위 현장에서 구호, 사회를 진행하였다. (서류 유첨)

3. 고소인 주장에 대한 반박
① 명예훼손 및 신용훼손 혐의

고소인 중랑신협 최재ㅇ은 피고소인 김한성이 "중랑신협은 부당대출 횡포 사죄, 공사진금 20억원 물어내라! 차주사와 유착의혹 조사 ➡ 신협 관계자 문책 및 진상 밝혀라! 등 현수막과 마이크로 "뒷구멍으로 돈을 받아 먹은건지 모르겠어요" 등 허위 내용을 불특정 다수에게 공연히 거짓말을 적시하여 최재ㅇ의 명예를 훼손했다고 하였다. 또한 중랑신협의 지불능력 등의 사회적 신뢰를 저하시켜 신용을 훼손했다고 주장했다.

② 고소인 주장의 반박의견

피고소인 김한성의 발언은 (주)에이원종합건설이 금융감독원과 신협중앙회에 제출한 민원신청서가 "진실한 사실"이라고 믿고 발언한 것이다. 이는 시공사가 준공한 남양주시 진접읍 금곡리 스타프라자의 공사비 잔금을 받기 위한 담보대출을 자서일(2021.4.13.)에 참석한 시공사 박주근 대표 등에게 중랑신협 측 김ㅇ대리 등은 "책임준공 시공사 유치권 포기각서 및 공사비 완납증명서"등 서류가 있어야만 대출이 나간다."고 안내

-1-

*김한성의 해명서: 합법적인 집회 참석 및 진행과정을 설명함!!

하였으나 2021.04.21. 일방적으로 미분양 호실 담보대출을 실행하였다. 익일은 04.22일 새벽에 시공사가 유치권 점유한 일부 호실에 차주사는 용역사를 데리고 와서 시건장치 부수고, 집기를 던지는 등 난동을 저질 렀다. 이를 볼 때 중랑신협 측은 시공사에게 악의적 의도로 사전에 약속한 징구서류를 받지 않고, 시공사에게 연락도 없이 대출하여 "선관주의 의무를 위반" 및 "업무상 배임 또는 횡령"을 한 것으로 보인다.

위와 같은 사정으로 피고소인 김한성은 사전에 (주)에이원종합건설에게 자료제공 받고, 2021.5.10.~14, 16. 총 6회 중랑신협 집회에 참석했다. 당시 대형 피켓은 의뢰인이 직접 제작, 현수막 등은 협의하며 만들었다. 그날 발언은 금감원 등 제출한 "민원 신청서"가 진실한 사실이라 믿고, 피켓 등을 근거로 의뢰인의 입장을 대신해서 발언한 것이다.

만약 그런 발언에 공감하지 않았다면 중랑신협 측의 중재로 2021.5.20. 대출금 차주인, 시행사와 시공사가 만나서 "합의 각서"를 작성하고 집회를 중단하지도 않았을 것이다. 그러나 현재까지도 시행사와 중랑신협은 합의 각서를 불이행하였고, 2021.8.18. 다시 최종 협의를 한다.

③ 결론
피고소인은 시공사 의뢰인이 제출한 자료 등을 진실한 사실이라 믿고, 의뢰인 "(주)에이원종합건설 및 하도급업체 피해자 임직원 일동" 피해주 장 의견을 대신 표명한 것 입니다. **당시 중랑경찰서에 집회 신고 후에 피고소인이 마이크로 발언한 내용도 고소인 최재ㅇ을 특정한 바가 없 고, 단순한 의혹제기에 불과하므로 명예훼손 및 신용훼손이 아닙니다. 이는 금융기관 특성상 담보 물건이 유치권 행사 중인데 부당대출하면, 예금한 고객들이 큰 피해를 당하므로 공익적 관점에서 말한 것입니다.** 따라서 **고소인의 명예훼손 혐의는 형법 제310조 "위법성의 조각" 사유**에 해당되며, **신용훼손 혐의는 구체적 근거가 불충분합니다.**

-2-

*입증 서류 (1~ 10호) 및 진술인 날인

※ 입증 서류

1. 증 제1호. 옥외집회신고서 접수증   1부
1. 증 제2호. 오케이두리인력공사 사업자등록증   1부
1. 증 제3호. 집회시위 용역의뢰계약서   1부
1. 증 제4호. 전자세금계산서 (컨설팅료, 부가세 발급)   1부
1. 증 제5호. 민원 신청서 (금감원, 신협중앙회 제출용)   1부
1. 증 제6호. 시공사 제작, 펫말 문구 (집회 전시용)   1부
1. 증 제7호. 배포 유인물 (중랑신협 집회시 배포)   1부
1. 증 제8호. 합의 각서 (집회 중단 후에 합의 각서)   1부
1. 증 제9호. 중랑신협 집회의뢰 확인사항 (시공사 인증)   1부
1. 증 제10호. (주)에이원종합건설 명함 (대표, 이사, 부장)   1부

2021. 8. 5.

위의 진술인 김 한 성

중랑경찰서장 귀하

-3-

*옥외집회 신고서 접수증

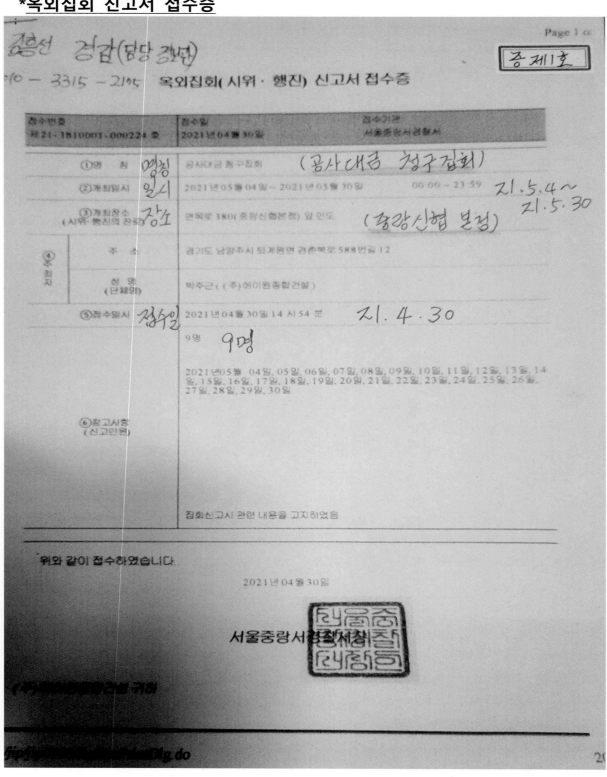

증제1호

김흥선 경감(담당 경관)

~10 - 3315 - 2105 옥외집회(시위·행진) 신고서 접수증

접수번호 제21-1810001-000224 호	접수일 2021년04월30일	접수기관 서울중랑서경찰서
① 명 칭 명칭	공사대금 청구집회 (공사대금 청구집회)	
② 개최일시 일시	2021년05월04일~2021년05월30일	00:00~23:59 지1.5.4~ 지1.5.30
③ 개최장소 (시위·행진의 진로) 장소	면목로 380(중랑신협본점) 앞 인도 (중랑신협 본점)	
④ 주최자 주 소	경기도 남양주시 퇴계원면 경춘북로 588번길 12	
성 명 (단체명)	박주근 ((주)에이원종합건설)	
⑤ 접수일시 접수일	2021년 04월 30일 14 시 54 분	지1.4.30
⑥ 참고사항 (신고인원)	9명 9명 2021년05월 04일, 05일, 06일, 07일, 08일, 09일, 10일, 11일, 12일, 13일, 14일, 15일, 16일, 17일, 18일, 19일, 20일, 21일, 22일, 23일, 24일, 25일, 26일, 27일, 28일, 29일, 30일	
	집회신고시 관련 내용을 고지하였음	

위와 같이 접수하였습니다

2021년 04월 30일

서울중랑서경찰서장

(주)에이원종합건설 귀하

...ting.do

20

05/06 19:11 FAX

fax: 031-563-0917

증 제3호

①

집회시위 용역의뢰 계약서

1. 집회 취지: 집회시위는 헌법 제21조에 보장된 표현의 자유이다.
사회 약자가 힘(위력)을 과시하는 거의 유일한 수단이다. 다른 방
법은 형사고소 고발, 민사소송 등이 있으나 돈과 시간이 많이 든다.
따라서 **집회시위 통해 비교적 단기간에 원하는 바를 성취하기 위해**
용역 의뢰한다. 오케이두리인력공사는 전문집회컨설팅 사업자로써
최선을 다하여 단기간에 원하는 목적 달성하도록 한다.

2. 집회 목적: 죽항 신협의 대출실행시 선관주의의무 위반에

3. 집회 장소: 서울 죽항신협 (면롱로 380) 外 〕 대반광의집회!
통상 의뢰인이 제시하는 곳으로 한다. 상대방 또는 채무자의 사업 (대정축구)
장이나 회사 정문 및 지정된 위치에서 한다.

4. 집회 일시: <u>202</u>1년 <u>5</u>월 <u>10</u>일 ~ <u>5</u>월 <u>14</u>일 (약 <u>5</u> 일 예정)

5. 집회 비용　　　　　　　　　"(6)명 기준" (단위: 원)

항 목	세 부 내 역	금 액	비 고
현 수 막	7m×1.6m= 13만 5m×1.5m= 10만	1 개 10만원	1개단가, 이하동일
피 켓	60×25cm=1~2만(대.소)	개 만원	원본 재사용, 반환
어 깨 띠	기본 사이즈 5천	6 개 3 만원	상 동
머 리 띠	기본 사이즈 2천	개 만원	상 동
앰 프	일반용량 15만	확성기 10 만원	충전식, 발전기
인 건 비	1명당　　13만	2명 26 만원	식,음료비 2만원/1명당 별도
대표 총괄	1일당 30~50만	1일 30 만원	총괄 지휘
유인물 외	최초작성　　만	협의 결정	구호 등 준비
기 타	꽹과리, 북, 징 외	만원	
합 계	10 건	85 만원	* 1일 기준 * 선택증감 가능

→1인6만
별도

-1-

*계약서상 세부적인 합의사항

②

6. 용역 컨설팅료: 의뢰인이 성과목표 달성시 받은 금액의 3~10%
내, 오케이두리인력공사에 자발적으로 컨설팅료를 지급할 수 있다.
지급액은 의뢰인과 사업자가 합의 결정한다. 이는 단순 집회지원이
아니고, 자기 일처럼 용역제공한 점에 대하여 의뢰인 스스로 감사
표현하므로 향후 민. 형사상 이의 제기 않는다. (선택사항)

① 위 사항 동의함: (   )% 지급한다. 자필 서명._____

② 위 내용 의뢰인 받아들일 수 없다. (✗)

7. 세부컨설팅 합의사항

① 본 집회는 5/10 ~ 사원까지 5일간 : 300만원만 지급함
산, 하루만에 종료해도 위 300만원 전액지급한다.
(착수금은 100만원, 중간 지급, 종료와 동시 완료정산)

② 집회시간 : 08:30 ~ 15시 전후로 한다.

8. 기타 특기사항

① 실무 협의는 김관성 대리, 예원건설 서진경 이사와 한다.

② 기타사항은 서로 협의진행, 약속은 지킨다.

위 계약사항 신의성실 원칙에 의해 지킬 것을 약속합니다.

2021년 5월 6일

*의 뢰 인: 성명, 서 진___연락처, 010-6212-____자필서명, _____
회사명, (주)_____ 충남____주소, _____

*사 업 자: 오케이두리인력공사, 대표 김 한성 자필서명, _____
주소, 서울시 서초구 방배천로 68 (방배동) T. 1577-3051
※유 첨: 사업자등록증 사본 1부 010-7454-6866 "끝"

-2-

*받은 집회비용: 정상적으로 세금계산서 발급함(부가세 별도)

전자세금계산서				승인번호		20210514-10000000-39488431			
공급자	등록번호	775-67-00131	종사업장번호		공급받는자	등록번호	135-81-48	종사업장번호	중제4호
	상호(법인명)	오케이두리인력공사	성명	김한성		상호(법인명)	(주) 에이원종합건설	성명	
	사업장주소	서울특별시 서초구 효령로 20, 303호(방배동)				사업장주소	경기도 구리시 갈매순환로 212, 5층 501호 (갈매동, 에이원프라자)		
	업태	서비스	종목	유료직업소개업, 용역제공업		업태	건설	종목	건축공사
	이메일	kim797034@daum.net				이메일	aone0913@hanmail.net		
						이메일			

작성일자	공급가액	세액	수정사유	비고
2021-05-14	3,900,000	390,000	해당없음	

월	일	품목	규격	수량	단가	공급가액	세액	비고
05	14	집회 컨설팅비				3,900,000	390,000	

합계금액	현금	수표	어음	외상미수금	이 금액을 (청구) 함
4,290,000	4,290,000				

전자세금계산서				승인번호		20210518-10000000-40282663			
공급자	등록번호	775-67-00131	종사업장번호		공급받는자	등록번호	135-81-48	종사업장번호	
	상호(법인명)	오케이두리인력공사	성명	김한성		상호(법인명)	(주) 에이원종합건설	성명	박주
	사업장주소	서울특별시 서초구 효령로 20, 303호(방배동)				사업장주소	경기도 구리시 갈매순환로 212, 5층 501호 (갈매동, 에이원프라자)		
	업태	서비스	종목	유료직업소개업, 용역제공업		업태	건설	종목	건축공사
	이메일	kim797034@daum.net				이메일	aone0913@hanmail.net		
						이메일			

작성일자	공급가액	세액	수정사유	비고
2021-05-18	1,070,000	107,000	해당없음	

월	일	품목	규격	수량	단가	공급가액	세액	비고
05	17	집회 컨설팅비				1,070,000	107,000	

합계금액	현금	수표	어음	외상미수금	이 금액을 (청구) 함
1,177,000	1,177,000				

민 원 신 청 서

제출처:
① 금융감독원
② 신협 중앙회

개인정보제공 동의 여부		동의함 O 동의하지 않음	①
민원인 성명	㈜에이원종합건설 대표이사 박주근	접수일자	2021.05.03
휴대폰 번호		전화번호	031 563 0913
E - mail	aone0913@hanmail.net		
주 소	경기도 구리시 갈매순환로 [ ]라자)		
관련신협(부서)	중랑 신협		
민 원 제 목	**대출실행시 선관주의의무 위반** ✓		

증제5호

I. 민원의 취지

민원인 ㈜에이원종합건설(이하 "시공사"이라 칭한다)은 경기도 남양주시 진접읍 [   ] 스타프라자(이하 "본 사업장"이라 칭한다)를 건축물 책임 준공한 시공회사이며, 귀사와 대출 취급한 뉴주성산업주식회사 차주사(건축주)와 2019. 09. 23. 도급계약을 체결했습니다.

민원인은 2020. 12. 17. "스타프라자" 건축물 준공을 완료하였으며, 총 공사비 약44.3억 중 약20.4억원을 못 받은 상태에서 건축주의 자금 사정을 감안하여 신의성실의 원칙에 입각하여 시공사로 책임준공 의무를 다했습니다.

중랑신협은 2021. 04. 21. 본 사업장의 미분양 호수에 대해 담보대출로 뉴주성산업주식회사 차주사에게 86억원 대출을 실행하는 과정에 선관주의의무를 위반한 것에 의해서 민원을 제기합니다.

*중랑 신협이 대출진행 시: 선관주의 위반에 대한 구체적인 내용

④

○ 2021. 04. 14. 대출 실무자 [ ] 이후 대출금융사 중랑 신협에서 시공사에 어떠한 연락도 없은 2021. 04. 21. 대출을 실행하였으며 대출 기표 익일 2021. 04. 22. 새벽에 사업장 현장에 시공사가 유치권 점유하고 있는 일부 호실에 차주사는 용역사를 대동하여 물리력으로 시공사가 점유호실에 시건 장치를 부수고 집기를 건물 밖으로 내던지는 등 현장에서 강제 물리력에 의한 만행이 저질려졌습니다.

○ 이런 난동의 상황에 직면했는바, 민원인은 대출금융사와 차주사가 시공사를 일부러 애를 먹일려고 사전 악의적인 의도로 이루어진 일라라고 판단하고 있습니다.

IV. 결어

○ 시공사의 책임준공은 현장 방문으로 인지할 수 있을 것이고, 신축 건물에 미분양호수로 담보를 취급하는 대출 방식에는 미지급 공사비 등 유치권 등의 시공사에 권리 여부를 체크하고 확인하여 유치권 포기각서 및 공사비 완납증명서 등을 징구하는 것이 여신취급자의 기본적이고 핵심적인 점검사항 임에도 본 사업장 대출취급 담당임원 및 실무자는 대출자서일에 시공사에게서 직접 확인하였고, 대출 실무자 김현철대리, 신필호사원은 대출 실행전에 책임준공 시공사의 유치권 포기각서 및 공사비 완납증명내역 등의 서류가 징구 되어야 본 대출이 실행된다

*마지막 페이지: <u>업무적인 감찰 및 선관주의 위반 조사요구</u>

는 것을 **시공사 대표이사 등에게 안내 했음**에도 대출기표 전에 시공사에게 사전에 어떠한 연락 및 조치도 없이 대출을 실행한 것은 **대출 금융사 임직원(최재원전무)**들이 **선관주의의무를 위반한** 것으로 판단되옵니다.

○ 신축 건축물의 대출취급시 준공한 시공사에 대한 **유치권 및 미지급 채권에** 대해 세심한 체크와 확인을 소홀하게한 대출실무자(최재원전무)들에 대해 **업무적인 감찰**과 시공사에게 본 사업장 대출 기표시 알릴 의무를 무시하고 업무를 취급한 담보대출의 진행과정 및 담당임원 및 실무직원들에 대한 선관주의의무 준수에 대해 적극적인 조사를 요구합니다.

끝.

별 첨 1. 공사도급계약서

2. 시공사의 세금계산서 발행내역금액 : 금4,435,200,000원정

3. 건축주가 공사비 입금 원장내역(금3,039,200,000원정)

4. 건축주에게 대여금 입급증 사본

5. 건축주 사업자 등록증

중랑 신협은 스타프라자 부당대출 책임져라!!

저희 (주)에ㅇㅇ종합건설은 부당 대출로 피해를 본 시공사입니다. 당사는 2019년 9월 차주사(건축주)인 뉴ㅇㅇ산업(주)과 도급계약을 체결하고, **2020. 12. 17일 준공검사까지 완료했습니다.** 건축물은 경기도 남ㅇㅇ시 금ㅇ리 1007 "스타ㅇㅇㅇ"입니다. 총 공사비 44억원 중에서 20여억원 못 받은 상태에서 책임준공까지 하였습니다. 통상 준공되지 않으면 **건축물 대출이 발생하지 않기에 최대한 협조** 하였으나, 중ㅇ 신협은 사전 약속한 공사비 잔금을 지급하지 않고 차주사에게 86억원 대출을 실행하였습니다.

중ㅇ 신협 본사에서 2021. 4. 13일 시공사, 신탁사, 차주사 등이 참석하여, 담보대출 위한 자서를 진행할 때에 시공사는 대표이사 등 참석했습니다. 중ㅇ 신협은 ㅇㅇ대리 외 나와서 "책임준공 시공사의 유치권 포기각서 및 공사비 완납증명서 등의 서류가 있어야 대출이 나온다."고 안내했으나 4. 21일 시공사에게 어떠한 연락도 없이 대출을 실행했습니다. 다음날인 4. 22일 새벽녘에 차주사는 불법적으로 시공사의 유치권 점유 호실에 시건장치를 부수고, 집기를 건물 밖으로 던지는 등 폭력을 저질렀습니다.

통상 **공사비를 못 받아 건축물에 유치권 행사하면 대출을 중단하고 위처럼 유치권 포기각서와 공사비 완납증명서를 제출하는 조건부로 대출이 나옵니다.** 계속 유치권 행사하면 건물 미사용으로 재산권이 크게 줄기 때문입니다. 이처럼 **중ㅇ 신협이 사전 약속한 공사비 잔금을 해결 없이 대출 실행한 것은 고의적으로 "선관주의 의무'를 위반한 부도덕한 악덕행위입니다.** 이에 저희는 감찰요구와 민사. 형사적 모든 수단을 동원하고, 집회까지 할 것입니다!! 파렴치한 악덕 금융사, 중ㅇ 신협 공모자를 **퇴출하라! 즉각 처벌하라!!**

2021년 5월 10일
시공사 (주)에ㅇ종합건설 및 하도급 피해업체 임직원 일동

중랑신협 집회의뢰 확인사항

증 제9호

시공사 집회의뢰
이후→진행사항

*용역 제공회사: 오케이두리인력공사 대표 김한성
*집회 의뢰일자: 2021. 05. 06.
*용역의뢰 회사: (주)에이원종합건설 대표이사 박주근

위의 오케이두리인력공사는 집회시위 전문컨설팅업체로서 (주)에이원종합건설의 요청에 따라, 먼저 집회시위 용역의뢰 계약서를 작성하고 현장집회 등 협조하였다. 이후 (주)에이원종합건설은 2021. 05. 06. 관계기관에 제출한 민원신청서와 시위 펫말 문구, 옥외집회 신고서 등 이메일로 보내주었다. 또한 계약서상 300만원 중 착수금 100만원 받고 현수막, 피켓, 어깨띠 문구와 유인물 문구 등 매사를 협의해서 결정하였다. 2021. 05. 10.~ 14. 16. 총 6회 중랑 신협 앞에서 집회할 때. 16.(월) 13시경 양측이 합의해 집회중단을 요구하여 더 이상 진행하지 않았다.

이처럼 김한성 대표는 의뢰인이 보내준 "민원신청서와 펫말 문구" 등을 근거로 의뢰인 측 김희채부장 및 직원 등이 지켜보는 가운데 시위하고 요구사항이 있으면 즉시 반영했다. 따라서 <u>김한성 대표는 개인적 의견이 아닌 의뢰인과 중랑경찰서 김홍선정보관의 입회 하에 **준법집회** 하였다.</u>
당시 중랑 신협 측은 집회중단 요구하여 원만하게 "합의서" 작성 후에도 현재까지 차일피일 합의사항 이행을 미루고, 오히려 피해자인 (주)에이원종합건설 및 의뢰인 김한성 대표를 고소한 것은 적반하장이라고 할 수 있다. 위 사항은 모두 사실임을 확인하오니 선처바랍니다.

※유첨: 집회의뢰 계약서, 민원신청서, 유인물, 합의서, 기타서류

2021. 08. 02.

(주)에이원종합건설 대표이사 박주근

경기도 구리시 갈매순환로 212, 501호
(갈매동, 에이원프라자)

(주)에이원종합건설
대표이사 박주

중랑경찰서장 귀중

*마지막 페이지: **에이원건설과 정상거래를 입증**하는 명함

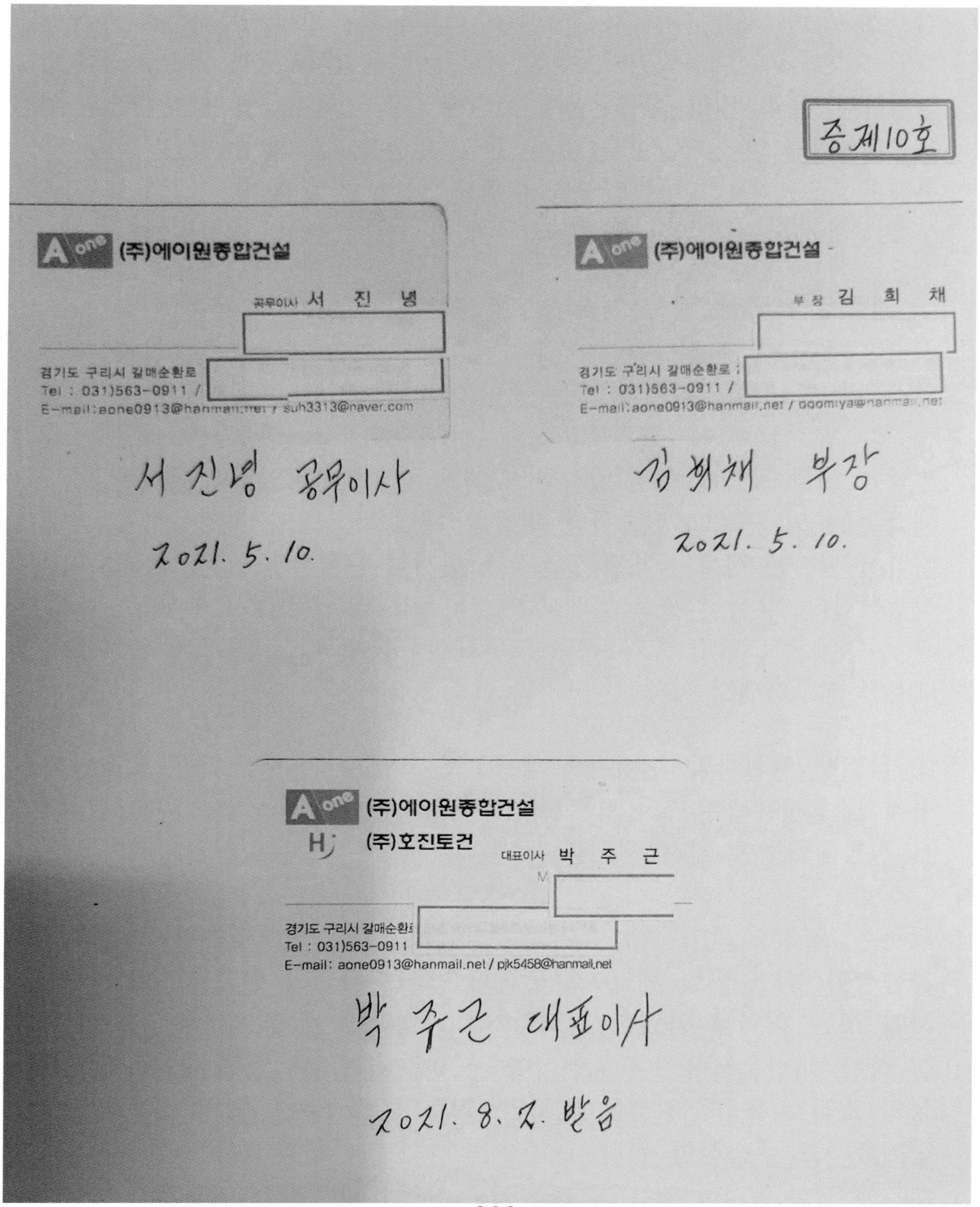

증제10호

(주)에이원종합건설

공무이사 서 진 녕

경기도 구리시 갈매순환로
Tel : 031)563-0911 /
E-mail:aone0913@hanmail.net / suh3313@naver.com

서 진녕 공무이사

2021. 5. 10.

(주)에이원종합건설

부장 김 희 채

경기도 구리시 갈매순환로
Tel : 031)563-0911 /
E-mail:aone0913@hanmail.net / ooomiya@hanmail.net

김 희채 부장

2021. 5. 10.

(주)에이원종합건설
(주)호진토건

대표이사 박 주 근

경기도 구리시 갈매순환로
Tel : 031)563-0911
E-mail: aone0913@hanmail.net / pjk5458@hanmail.net

박 주근 대표이사

2021. 8. 2. 받음

(4) 경찰서 진술: 조사관련 대응방안

① 정보공개 신청: 집회를 마친 후 업무방해, 명예훼손 등으로 고소당하면 당황하게 된다. 필자가 4차례나 고소를 당하면서 변호사 등 전문가 조언을 받고 잘 대응했었다. **우선 경찰관이 고소되었다는 연락을 받으면 당황하지 말고, 담당 경찰관에게 전화해 "고소장 내용을 확인하려고 정보공개청구를 하겠다. 이후 다시 진술 일자를 잡으면 좋겠다."고 하면 흔쾌히 "알겠어요. 다시 연락을 주세요."한다.** 차후에 해당 경찰서 민원실을 방문해서 신청하고 5일쯤 지나서 찾으면 된다.

② 대응문건 작성: 처음 고소 고발을 당하면 어찌할 바 몰라 하고, 준비 없이 대충 나가서 진술하는 경우가 많다. 그러면 경찰의 의도된 질문에 답변을 잘못해서 약식기소 또는 재판을 받을 수 있다. 우선 경찰관 전화를 받으면 침착하게 "아직 고소장 내용도 모르니, 정보공개 청구한 후 일정을 잡았으면 좋겠다."말하면 그대로 승낙한다. **만약에 고소장의 구체적 내용도 모르고 진술하면 엉뚱한 대답으로 불이익 가능성이 높다. 따라서 필자는 정보 공개된 고소장을 철저히 분석하고 답변 내용을 미리 작성하였다.** 유첨한 자료 외에도 세부자료를 더 준비해서 예상되는 경찰관 질문에 "그 답변은 본 문건으로 대신하겠다."라고 말하면 그 제출된 내용을 참고하면서 기재해 준다.

③ 답변서 핵심사항: 집회관련 형사고소 고발은 **"집시법 위반, 업무방해, 명예훼손, 신용훼손, 모욕죄"**등이다. 이 중 집시법 위반은 소규모 집회에서 현장에 1명만 계속 상주할 때 문제가 된다. 집회는 현장에 2명 이상 상주할 것을 요구하기 때문이다. 업무방해는 집회신고를 마치고 경찰이 정해준 "폴리스 라인"내 있으면 문제없다. **통상 명예훼손이 가장 처벌 가능성이 높다. 형법 제307조 명예훼손죄는 타인의 명예를 손상시키는 사실 또는 허위를 공연히 지적할 때 성립**한다. 성립요건은 공연성, 사실 적시, 비방목적이 3대 요건이다. 이것을 피하려면 **형법 제310조 "위법성의 조각"사유 즉 위법은 맞지만, 죄를 묻지 않는 "공익의 목적"으로 집회했다고 주장하면 된다.** 필자는 수차례 명예훼손 고소에서 **"공익성"** 때문에 집회 했다는 것을 잘 해명해서 무혐의 처분을 받았다.

집회대행 국내1호 전문업체 특징

억울하고 답답한 일 = 집회 통해 최단기간 해결!!

일반적 분쟁 시 형사고소, 민사소송: 장기간 고비용 소요!!
➜ **집회시위하면** 2~ 5회 차에 대다수 **해결** 됩니다..

1. 집회 중요도: 헌법 21조에 보장된 표현의 자유이다. 매년 전국 집회신고 건수 10만여회 되지만, 실제 개최율 절반 이하다. 경험부족, 두려움 등으로 포기한다. 경찰서 집회신고 후 진행하면 **민.형사상 6개월 ~2, 3년이** 아닌 거의 다 **1주~ 1개월 내 해결**된다.

2. 경험 / 실적: 김한성 대표는 인력협회(일용근로자협회 홍보이사, 한국고용서비스협회 부회장) **창립해, 건설현장 노임체불집회 250여회 및 기타시위 350여회 주도하였다.** 인력업소 노임체불부터 각종채권 채무, 건설사, 개별민원 집회 등 **80% 이상 해결**하다!!

3. 토탈 서비스: 사안별 상담 후 집회 대행하다. 당사자 면담 또는 현장방문 실상파악하며, 집회신고지원→ 현수막. 피켓. 어깨띠. 엠프 등 용품준비→ **인력동원→ 집회사회, 구호 등 → 경찰과 협상참여 → 마무리,** 일체과정을 의뢰인 입장에서 일한다..

4. 홈피, 저서: 네이버➜ 집회컨설팅 또는 "오케이두리인력공사"치면 홈피 연결됨. 김한성 대표가 직접 상담하며, 세금계산서 발급가능~_

(2) <u>인력사업 경력 및 각종 저서들</u>

하루일자리미학 출판기념회: 근로자 참석기념↑ (2014.8.23)

한국고용서비스협회 부회장

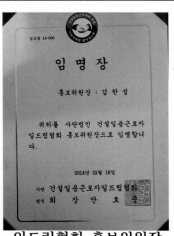

일드림협회 홍보위원장

우수기관인증서

저서: 하루일자리 미학

인력사업 성공전략, 187쪽

일용근로자 미학, 745쪽

(3) <u>사업자등록증: 집회시위컨설팅, 용역제공업</u> 외

사 업 자 등 록 증
(일반과세자)
등록번호 : 775-67-00131

상   호 : 오케이두리인력공사

성   명 : 김한성   생 년 월 일 : 1961 년 04 월 20 일

개 업 연 월 일 : 2017 년 05 월 11 일

사 업 장 소 재 지 : 서울특별시 서초구 효령로 20, 303호(방배동)

사 업 의 종 류 : 업태 서비스   종목 유료직업소개업, 용역제공업
                       건설업   건축물해체공사
                       서비스   집회 및 시위에 관한 컨설팅
                       서비스   광고 및 인쇄

발 급 사 유 : 정정

공 동 사 업 자 :

사업자 단위 과세 적용사업자 여부 : 여( ) 부(∨)

전자세금계산서 전용 전자우편주소 :

2023 년 01 월 03 일

반 포 세 무 서 장

(4) <u>서초구청: 유료직업소개사업등록 인가증</u>

신고번호(등록번호) : 제 2009-3210114-14-5-00039호

서초 SEOCHO

☐ 무료
☑ 유료

☐ 주된사업소
☐ 기타사업소
☑ 개인

☐ 직업소개사업 신고확인증
☑ 직업소개사업 등록증

1. 직업소개소 명칭 : 오케이두리인력공사

2. 직업소개사업소 소재지 : 서울특별시 서초구 효령로 20, 303호 (방배동)

3. 대표자 성명 : 김한성

4. 생년월일 : 1961년 4월 20일

서초 SEOCHO

『직업안정법』 제18조 및 제19조에 따른 직업소개사업을 위와 같이 신고 (등록)하였음을 증명합니다.

2021년 03월 08일

서 초 구 청

서초구청장인

(5)

집회시위 용역의뢰 계약서

1. 집회 취지: 집회시위는 헌법 제21조에 보장된 표현의 자유이다. 사회적 약자가 힘(위력)을 과시하는 거의 유일한 수단이다. 다른 방법은 형사고소 고발, 민사소송 등으로 돈과 시간이 많이 든다.

따라서 **집회시위 통해서 비교적 단기간에 원하는 바를 성취하기 위하여 용역 의뢰**한다. 수임 회사는 전문집회컨설팅 사업자로써 최선을 다하여 단기간에 원하는 목적 달성하도록 노력한다.

2. 집회 목적: _____

3. 집회 장소: _____

4. 집회 일시: 2024년   월   일 ~   월   일

5. 집회 비용   **"(   )명"**   **"수도권 기준: 지방 별도 협의"**

항 목	세 부 내 역	금 액		비 고
현 수 막	7m×1.7m= 13만원	개	만원	가로 × 세로 m
	5m×1.5m= 10만	개	만원	
피 켓	70×45cm= 3만(특대)	개	만원	특대- 깃대형
	60×40cm = 2만(대형)	개	만원	대형 외 재사용
어 깨 띠	기본 사이즈 7천	개	만원	상 동
머 리 띠	기본 사이즈 3천	개	만원	상 동
엠 프	일반용량 10만	대	만원	발전기2대, 메가폰 등
인 건 비	1명당 15~17만	명	만원	08~13시, 식비별도
대 표 총 괄	1일당 40~100만	1일	만원	집회총괄 지휘
차 량 비 용	1일당 10~ 20만원	1대	만원	렌트비, 유류비 외
기 타 항 목	꽹과리,징/ **깃발** 등			별도 협의
합 계	9건		만원	* 1일 기준 * **선택증감** 가능

※집회 착수금: 1차 견적서 대비 **50% 송금**,   2차 이후 별도 협의함!!

6. 용역 컨설팅료: 의뢰인이 **성과목표 달성시 받은 총액의 1~10% 내, 별도 컨설팅료를 지급**할 수 있다. 이는 책임과 부담을 공유하기 위함이며, **집회비 총액의 20% 감액➔ 10% 컨설팅료로 지급한다. 그 이하는 9~1%** 범위에서 **결정**한다. 양자는 자발적 합의했으므로 민형사상 이의제기 않고, 성과달성 때 입금과 동시에 지급한다.

※ 단, 컨설팅료 계약하면 의뢰인은 합의서 작성, 노임수령 등 모든 사항에 대하여 컨설팅사 의견을 필히 묻고, 협의하면서 공개적으로 진행한다.

(선택사항)
 ① **위 사항 동의함: (   )% 지급한다**. 자필서명, _____

 ② 위 내용에 동의하지 않는다. (   )

7. 세부컨설팅 합의사항

위 계약사항 **신의성실 원칙**에 의해 지킬 것을 약속합니다.

2024년   월   일

*의 뢰 인: 성명,   연락처, 010.   **자필서명,** _____
         주최자, _____

*사 업 자: 오케이두리인력공사, **대표 김 한성** 자필서명, _____
         주소, 서울시 서초구 효령로20, 303호(방배동) T.1577-3051

※유 첨: 사업자등록증 사본, 기타 자료 각 1부

'행복에너지'의 해피 대한민국 프로젝트!

<모교 책 보내기 운동> <군부대 책 보내기 운동>

한 권의 책은 한 사람의 인생을 바꾸는 힘을 가지고 있습니다. 한 사람의 인생이 바뀌면 한 나라의 국운이 바뀝니다. 그럼에도 불구하고 많은 학교의 도서관이 가난하며 나라를 지키는 군인들은 사회와 단절되어 자기계발을 하기 어렵습니다. 저희 행복에너지에서는 베스트셀러와 각종 기관에서 우수도서로 선정된 도서를 중심으로 <모교 책 보내기 운동>과 <군부대 책 보내기 운동>을 펼치고 있습니다. 책을 제공해 주시면 수요기관에서 감사장과 함께 기부금 영수증을 받을 수 있어 좋은 일에 따르는 적절한 세액 공제의 혜택도 뒤따르게 됩니다. 대한민국의 미래, 젊은이들에게 좋은 책을 보내주십시오. 독자 여러분의 자랑스러운 모교와 군부대에 보내진 한 권의 책은 더 크게 성장할 대한민국의 발판이 될 것입니다.

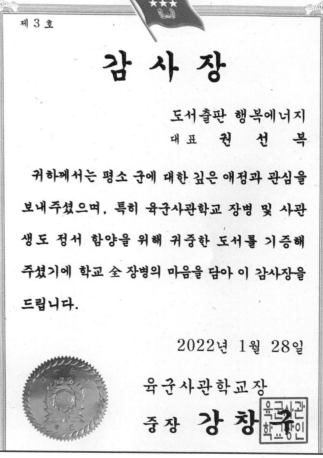